特別支援学校教諭になるには

なるにはBOOKS 66

松矢勝宏　宮崎英憲　高野聡子　編著

ぺりかん社

はじめに

特別支援《しえん》教育について知りたい、と思ってくださったみなさん。「特別支援教育」とは、障害のある子どもがいきいきと学び、やがて地域社会の市民として社会参加できるように支援する教育という意味です。

私たちは、みなさんが実際にその教育の現場に出かけ、教諭《きょうゆ》として勤める方々から直接お話を聞くような感じでこの本を読んでもらいたいと考え、そして*文部科学省《もんぶかがくしょう》のホームページに掲載《けいさい》されている特別支援教育の情報を参考にして、編集を進めました。

特別支援教育は、今まで「特殊《とくしゅ》教育」「障害児教育」といわれてきましたが、２００７年度からは大きな目標を掲《かか》げ、現在の制度がスタートしました。制度の発足にあたって文部科学省が全国の関係者に送った文書には、「特別支援教育は、障害のある幼児児童生徒への教育にとどまらず、障害の有無やその他の個々の違《ちが》いを認識しつつ様々な人々が生き生きと活躍《かつやく》できる共生社会の形成の基礎《きそ》となるものであり、我が国の現在及《およ》び将来の社会にとって重要な意味を持っている」と記されています。

このような社会を完成させるにはまだ多くの時間を必要とするでしょう。学校教育の基本を有識者が審議《しんぎ》する答申機関を中央教育審議会《ちゅうおうきょういくしんぎかい》といいますが、その初等中等教育分科会

＊文部科学省ホームページ　https://www.mext.go.jp/a_menu/01_m.htm

は２０１２年に「共生社会の形成に向けたインクルーシブ教育システム構築のための特別支援教育の推進」という報告書を出しました。このなかで障害のある幼児児童生徒の特別な支援への配慮《はいりょ》をしつつも、特別支援教育を幼稚園《ようちえん》、小学校、中学校、高等学校における教育に包容（インクルーシブ）する密接な関係を構築する方策を提言し、現在そのための改革が進められています。その改革のひとつとして、すべての教育職員に教育の基礎的《きそてき》理解に関する教科として特別支援教育への理解が必修化され、２０１９年度から実施《じっし》されています。

特別支援学校の教諭は、このように共生社会の実現のために一人ひとりの子どもの成長と発達に必要な支援（ニーズ）を最優先する教育、障害の有無に関係なくすべての子どもたちが大切にされる教育をめざして努力している人たちなのです。

さて、本書に原稿を寄せてくださった執筆者《しっぴつしゃ》には、いわゆる中堅《ちゅうけん》やベテランと呼ばれる教諭の方々から経験を積みつつある若手教諭までが含《ふく》まれています。特別支援学校では、若手からベテランの教諭まで最大限にバランスを取った人事配置に努めています。新任の教諭はこのような環境《かんきょう》のなかで先輩《せんぱい》教諭からの支援があり、また計画的な研修の機会を通して専門性を身につけ高めていくことになります。ですから障害のある子どもの教育にたずさわるために特別な人である必要は、まったくありません。私たちが期待することは、子どもが大好きで、いっしょに遊び、活動し、子どもの興味や気持ちに関心を寄せることができる人です。

本書の執筆者《しっぴつしゃ》の方々に共通する特徴《とくちょう》をひと言でいえば、前述したことを実践《じっせん》してきた代表といえると思います。大学に入ってから特別支援教育の学科やコースにおける見学会などで教育の実際を学ぶ機会のほか、ボランティアサークルに入り、障害のある子どもたちや成人の方々との交流の経験を重ね、教育の仕事に従事したいという心構えをだんだんと身につけていったのです。そうして特別支援学校における教育実習を終えた段階で、将来の進路を決定したといえるでしょう。

高等学校に在籍《ざいせき》する読者のみなさんが、特別支援教育や障害のある子どものことをもっと知りたいと思ったら、交流体験ができるいろいろな機会を探してみることをお勧めします。特別支援学校や特別支援学級などでは毎年度に催《もよお》される学校祭などで児童生徒と交流できる作品展、作品販売《はんばい》コーナー、喫茶《きっさ》コーナーなどがあって、交流を楽しむことができます。友だちや家族、あるいは学校の担任の先生といっしょに出かけてみてください。そこでの体験が、ボランティア活動といったもっと積極的な交流を始めるきっかけになるかもしれません。

先にふれたように特別支援教育が幼稚園《ようちえん》、小学校、中学校、高等学校の教育に包容されて、密接な関係をもつインクルーシブ教育の時代を迎《むか》えています。ですから都道府県のみならず、市町村においても特別支援教育に関する情報をくわしく提供しています。インターネットを通し、地域の教育委員会や各学校のホームページで情報を集め、交流の機会を探ってください。

本書は、特別支援学校の教諭の仕事や資格取得に関心を寄せてくださったみなさんへの、わかりやすい手引書であるように心がけてきました。しかし現在進行している「インクルーシブ教育の構築のための特別支援教育」の中身をかみくだいてご理解いただけるまでにはいかなかったという反省があります。その点についてはみなさんが大学に進学してからの学び、そして首尾よく教職者になってからの学びの課題として提示させていただいたとご理解いただければ幸いです。

このささやかな手引書がみなさんのお役に立ち、近い将来に私たちの同志になってもらえる日がくれば、これ以上の喜びはありません。

執筆者を代表して

東京学芸《とうきょうがくげい》大学名誉《めいよ》教授　松矢勝宏《まつやかつひろ》
東洋《とうよう》大学名誉《めいよ》教授　宮﨑英憲《みやざきひでのり》
東洋大学准《じゅん》教授　高野聡子《たかのさとこ》

特別支援学校教諭になるには　目次

［3章］なるにはコース

※本書に登場する方々の所属等は、取材時のものです。
［装幀］図工室　［カバーイラスト］ハラアツシ

「なるにはBOOKS」を手に取ってくれたあなたへ

「働く」って、どういうことでしょうか?

「毎日、会社に行くこと」「お金を稼《かせ》ぐこと」「生活のために我慢《がまん》すること」。

どれも正解です。でも、それだけでしょうか? 「なるにはBOOKS」は、みなさんに「働く」ことの魅力《みりょく》を伝えるために1971年から刊行している職業紹介《しょうかい》ガイドブックです。

各巻は3章で構成されています。

[1章] ドキュメント 今、この職業に就いている先輩《せんぱい》が登場して、仕事にかける熱意や誇《ほこ》り、苦労したこと、楽しかったこと、自分の成長につながったエピソードなどを本音で語ります。

[2章] 仕事の世界 職業の成り立ちや社会での役割、必要な資格や技術、将来性などを紹介《しょうかい》します。

[3章] なるにはコース なり方を具体的に解説します。適性や心構え、資格の取り方、進学先などを参考に、これからの自分の進路と照らし合わせてみてください。

この本を読み終わった時、あなたのこの職業へのイメージが変わっているかもしれません。

「やる気が湧《わ》いてきた」「自分には無理そうだ」「ほかの仕事についても調べてみよう」。

どの道を選ぶのも、あなたしだいです。「なるにはBOOKS」が、あなたの将来を照らす水先案内になることを祈っています。

1章

ドキュメント

特別支援学校ってどんなところ?

ドキュメント 1
知的障害の学校で働く特別支援学校教諭

教員生活は始まったばかり 子ども一人ひとりへ良い支援を

東京《とうきょう》都《と》立《りつ》王子《おうじ》特別《とくべつ》支援《しえん》学校《がっこう》
原《はら》子《こ》千《ち》名《な》美《み》さん

執筆者提供（以下同）

原子さんの歩んだ道のり

中学校・高校のときに自分と向き合ってくれた先生方にあこがれて教諭《きょうゆ》をめざしました。大学で特別支援教育についての講義を受け、特別支援学校教諭に興味をもちます。現在は、教諭として働き始めて2年が経つところ。適切なかかわり方がわからず戸惑《とまど》うこともありますが、生徒の成長を近くで支援できる仕事に魅力《みりょく》を感じています。

私の働く学校は

私の勤務している東京都立王子特別支援学校は、２０１９年４月に、となりにあった小中学部と合併《がっぺい》しました。それまでは、高等部の単独校でした。現在、児童生徒４４０名、教員１５１名の大きな学校です。私は、高等部の１年生を担任しています。

特別支援学校の教員をめざしたきっかけ

中学校、高校のころ、私と真摯《しんし》に向き合ってくださった先生方を見ていて、「人の心を動かせる教諭という仕事ってすてきだな」と思うようになりました。特別支援学校教諭に興味をもったのは、大学での特別支援教育に関する講義を受けるようになってからです。実際に子どもとかかわることで、学びが深められると思い、大学３年生のときから、週に１回の特別支援学校でのボランティアを始めました。ボランティアでは、年間を通して、中学部１年生のクラスを担当し、日常生活の支援や各授業で、生徒とかかわってきました。最初は、適切なかかわり方がわからず、戸惑《とまど》うことも多くありましたが、生徒一人ひとりの成長を近くで支援できる特別支援学校教諭に魅力《みりょく》を感じました。

東京《とうきょう》教師《きょうし》養成《ようせい》塾《じゅく》での学び

私は大学４年生のときに、東京教師養成塾に入塾《にゅうじゅく》しました。きっかけは、大学の教授からの勧めです。大学卒業後に即戦力《そくせんりょく》として働ける教諭となるために、大学では学びきれない実践的《じっせんてき》な指導力を身につけたいと思い、入塾《にゅうじゅく》を希望しました。入塾《にゅうじゅく》のための試験が

3年生の12月にあったため、その年の夏ごろから本格的に勉強を始めました。

東京教師養成塾では、特別教育実習、体験活動、研修センターでの講義や班別協議などさまざまな学びの機会があります。私の特別教育実習校は、現在勤めている王子特別支援学校でした。週に一度の実習に加え、2週間の連続実習を2回行いました。実習では、生徒と積極的にコミュニケーションをとることを心がけました。生徒の気持ちに気付けず、悩《なや》むこともありましたが、先生方に相談し、自分の行動をふり返ることで、つぎに活かせるように努力しました。

隔週《かくしゅう》で行われる研修センターでの講義では、多くの専門的な知識を得ることができました。講義のあとは、10名の班の塾生《じゅくせい》が集まって協議を行います。他校で実習をしている班員の発言から、授業実践《じっせん》のヒントが得られたり、自分とは異なる考え方を知ることができたりして、とても充実《じゅうじつ》していました。

養成塾と大学との両立は、大変なこともありましたが、同じ立場で学ぶ塾生《じゅくせい》と悩《なや》みを共有することで、前向きにがんばることができました。教諭になった今でも、その塾生《じゅくせい》は大切な存在です。

学校生活で生徒に学んでほしいこと

私が担任をしている高等部1年生は、全部で9クラス、そのうち1学級が重度重複学級です。これまで特別支援学校で過ごしてきた生徒だけでなく、通常の学校や特別支援学級から入学してきた生徒もいます。障害の程度や実態はそれぞれ異なり、一斉《いっせい》指導が難しいことも多々あります。そのため、一人ひとりのニーズに合わせた支援や指導を行い、生徒ができることを伸《の》ばせるようにしています。

授業は、学習の習熟度別に分かれて行っています。学習指導要領に準じて授業を組み立てていきますが、個々の生徒が身につけたい力を念頭に置き、どんな授業をするべきかを考えることが重要です。たとえば数学。朝は、何時に起きれば学校に間に合うかを計算すること、買い物で、決められた予算の範囲《はんい》で欲しいものを購入《こうにゅう》すること、正しく調味料を量って、食べたいものを作ること。私たちはこうした数学的な能力があってこそ、豊かに生きることができています。教科書や参考書に書いてあることをただ伝えていくだけでは身につかない実践的《じっせんてき》な能力を、生徒が身につけられるようにしなければならないのです。

私は現在、高等部1年生の数学の授業を担

準備するものを写真つきのカードにしてわかりやすく

当しています。「金銭の学習」の単元では、模擬硬貨《もぎこうか》を使用して、お金のやりとりを実際に行いました。知的障害のある生徒たちのなかには、見えないものをイメージするなどの抽象的《ちゅうしょうてき》な思考が苦手な生徒がいます。そのため、より日常生活に近い形で考えられるよう工夫し、生活のなかでも活かせるようにしています。

高等部卒業後の生徒

高等部の生徒の卒業後の進路はさまざまです。特別支援学校ならではの指導「作業学習」では、社会に出て「働く」ために大切な力を身につけられるようにすることが求められています。そのために必要な支援は、生徒によって異なっています。一日の見通しをもてるようにスケジュール表を用意したり（実

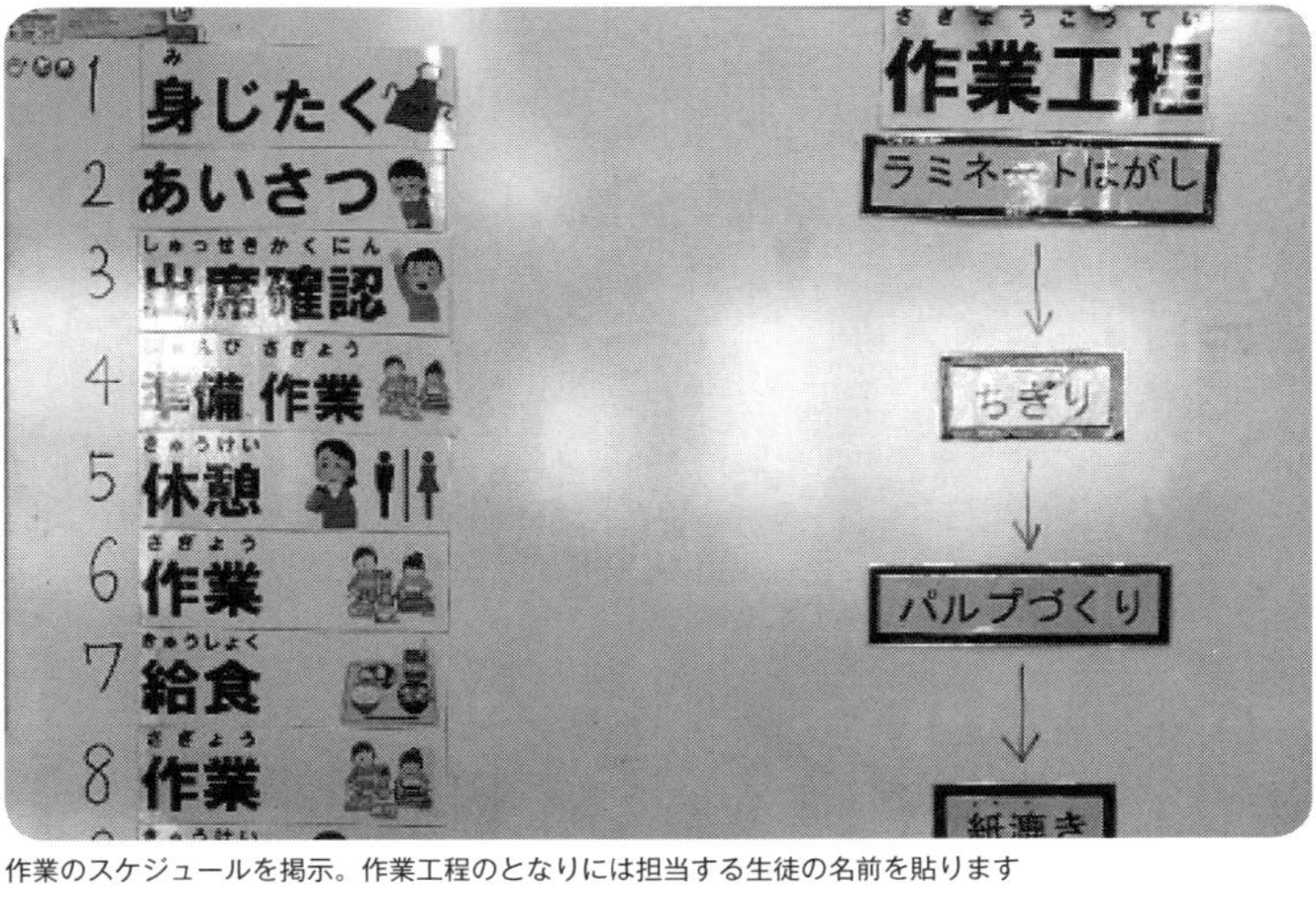

作業のスケジュールを掲示。作業工程のとなりには担当する生徒の名前を貼ります

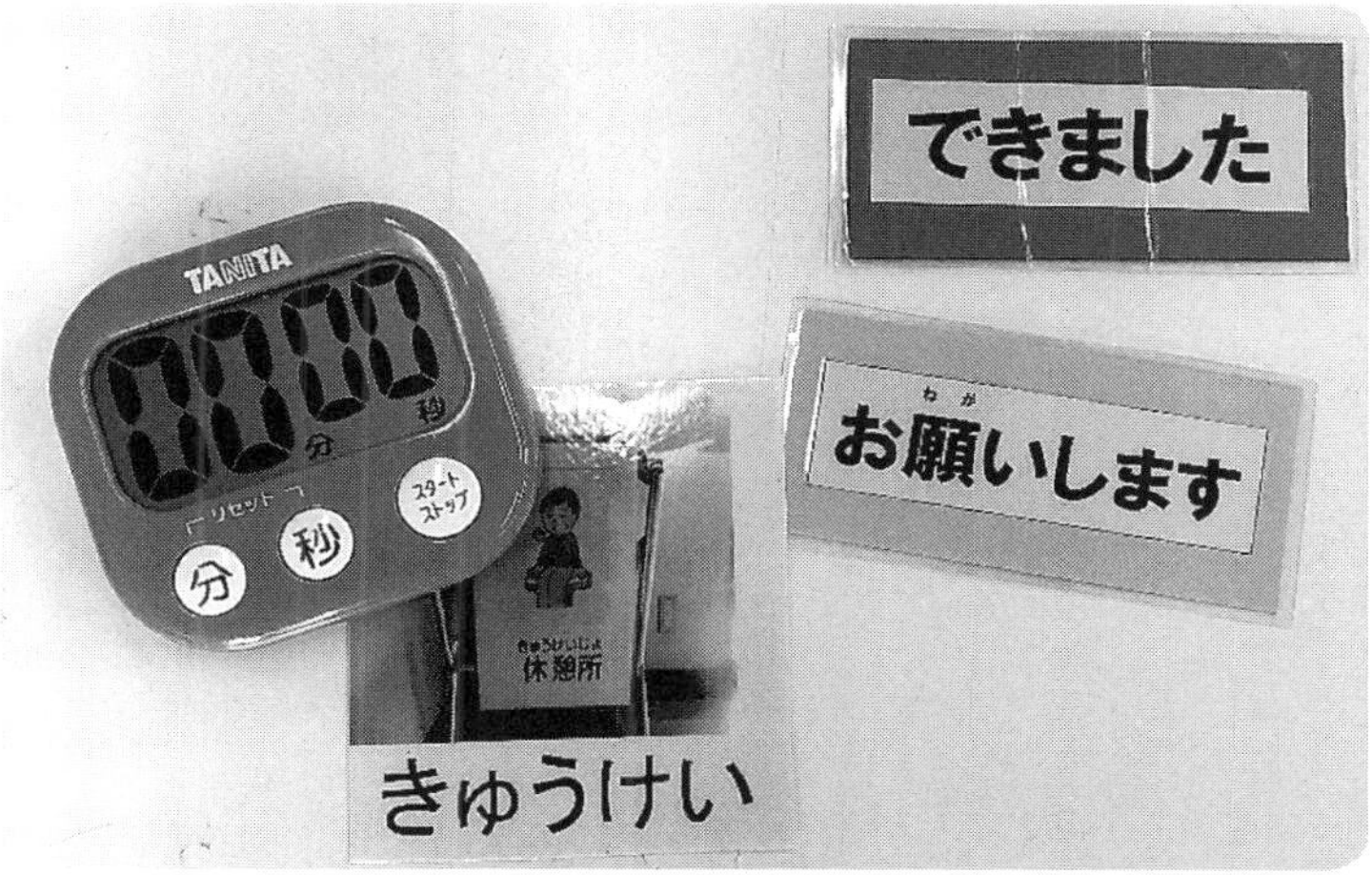

休憩時間をタイマーで知らせて集中できるように。発語が難しい生徒は「できましたカード」で報告

態に応じて個別に、手元に用意することもあります）、一人で作業ができるように手順書を提示したり、支援もツールも一人ひとりと向き合って考えていきます。卒業後、より豊かに生活できるように、必要な知識や能力を育めるよう支援しています。

見て、学ぶ。聞いて、学ぶ

教諭生活が始まって２年、まだまだわからないこと、不安なことがたくさんあります。一人で悩《なや》まずに、先輩《せんぱい》の教諭に聞いたり相談したりして、仕事を進めるようにしています。担当している授業では、授業内容や教材の工夫について考えることが多々あります。いっしょに授業に入ってくださるサブティーチャーから助言をいただき、より良い授業づくりに努めています。また、東京都では、１年次から3年次まで、年次研修として1年間に最低3回研究授業を行います。学習指導案を作成し、学校の先生に授業を見ていただける機会です。生徒一人ひとりが異なるように、支援の仕方、かかわり方も異なります。私自身が学び続け、生徒一人ひとりにとってより良い支援・指導ができるよう、これからも努めていきたいです。

ドキュメント 2

肢体不自由の学校で働く特別支援学校教諭

子どもの「できる」を支え、子どもの期待に支えられる

東京《とうきょう》都《と》立《りつ》北《きた》特別《とくべつ》支援《しえん》学校《がっこう》高等部《こうとうぶ》
松《まつ》井《い》雄《ゆう》一《いち》さん

執筆者提供（以下同）

松井さんの歩んだ道のり

大学入学時には心理学や教育学に興味をもっていました。障害がある学友と出会い、障害学生支援にたずさわるうちに、その奥《おく》深《ぶか》さに魅《ひ》かれて障害科学を主専攻《しゅせんこう》に選びました。その後大学院までを修了《しゅうりょう》し、特別支援学校教諭専修免許状《めんきょじょう》を取得後は、肢体《したい》不自由特別支援学校に着任。人事異動を経て、現在は2校目の東京都立北特別支援学校の高等部に勤めています。

教科書を使用した教科の授業

東京都立北特別支援学校は、肢体《したい》不自由教育部門と病弱教育部門をあわせもった学校です。私の働く肢体《したい》不自由教育部門は、教科書で学ぶ子どもから障害の重い子どもまでが在《ざい》籍《せき》しており、担当する授業も多様です。

教科書を使って授業をする場合は、運動障害への配慮《はいりょ》だけでなく、運動障害による生活経験の不足からのわかりにくさ、脳の情報処理に関するわかりにくさにも配慮《はいりょ》して行っています。最近は、ＩＣＴ機器も充実《じゅうじつ》しており、グラフをタブレット端末《たんまつ》のアプリケーションで作成して貼《は》りつけたり、配付したプリントを画像として取《と》り込《こ》んでノートとして書き込《こ》むなどしています。

また、通常の小学校の算数は、はじめに具

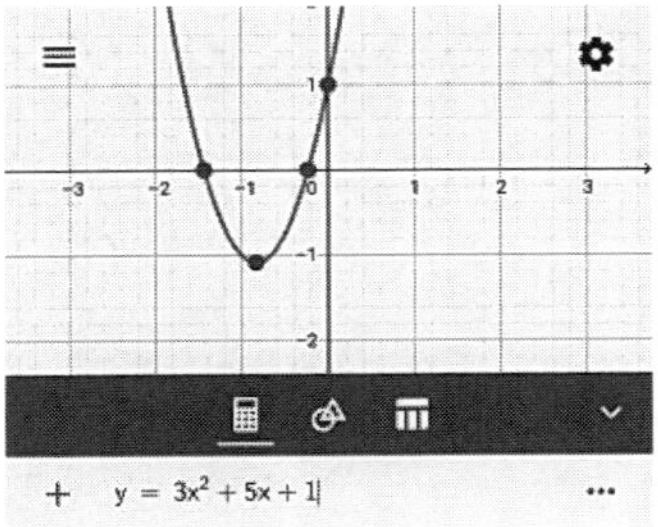

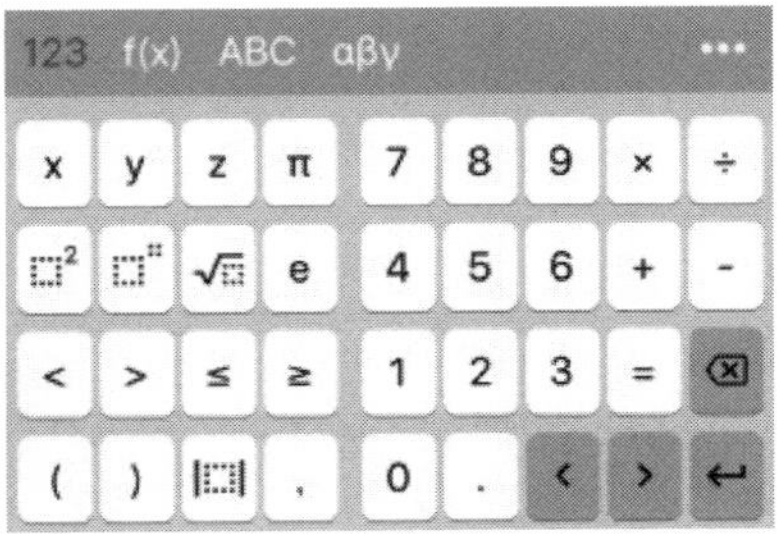

タブレット端末のアプリで作成したグラフ

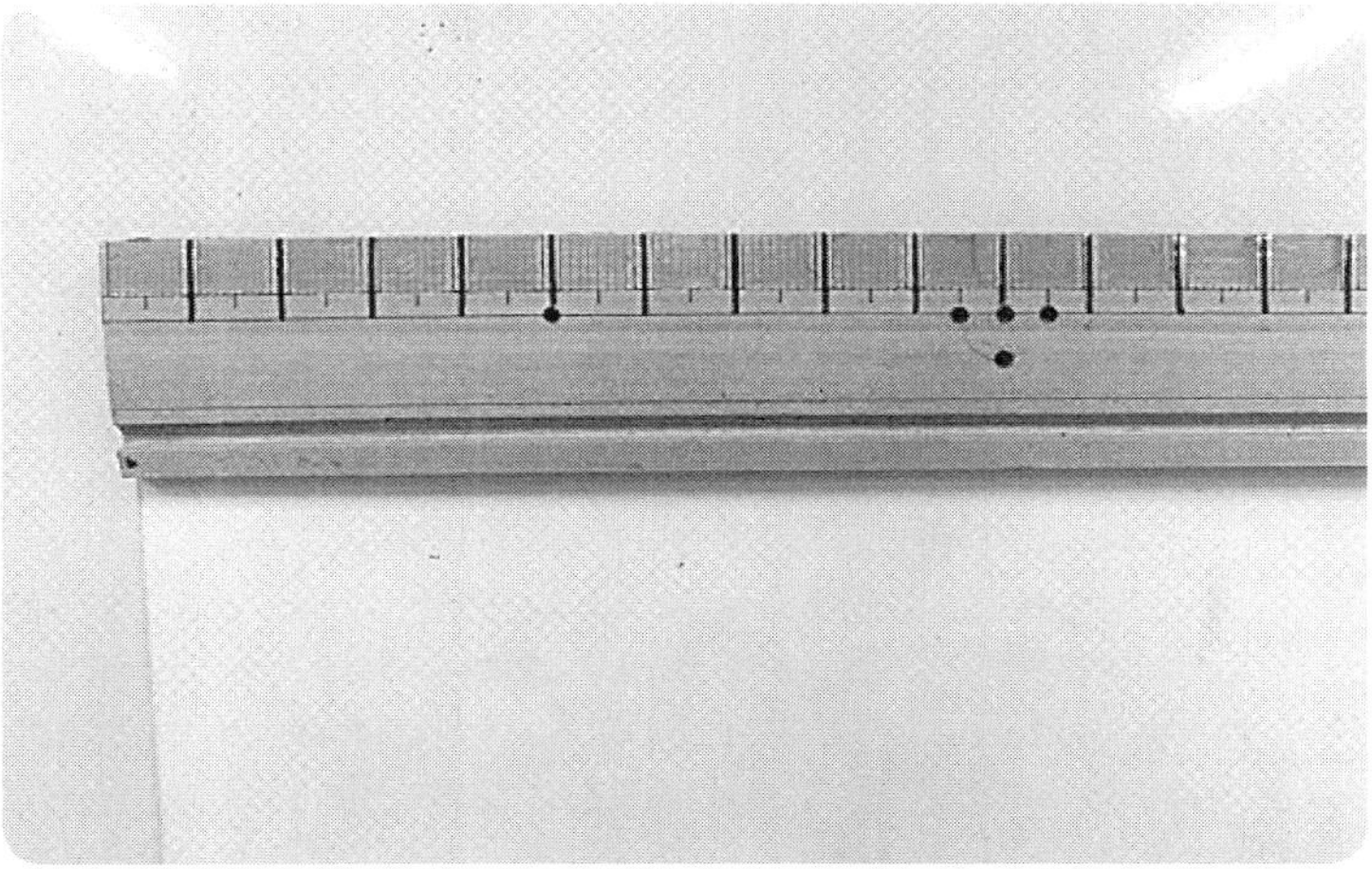

ミリメートルの目盛りを削ったものさし。裏には押さえやすいようにマグネットシートを貼りつけました

体物を操作しながら学びを重ねていきます。運動障害があっても、できる限り子どもがその過程を体験できるように教材を作る必要があります。たとえば、センチメートルを学ぶさいに、ものさしのミリメートルの目盛《めも》りを削《けず》ったりもします。さらに、麻痺《まひ》のある手でも押さえやすいようにマグネットシートを貼《は》りつけて、手の接地面を大きくします。それでも押さえられない場合はホワイトボードの上で行うことで、磁力も活用して固定することができるようにしています。

授業をしていて、子どもが「あっ、わかったかも！」という表情をする瞬間《しゅんかん》があります。そのときの顔が大好きです。学びの喜びがそこに凝縮《ぎょうしゅく》されているように思います。

保護者の方から「以前は算数・数学が嫌《きら》いだったのに、最近は習いごとの後で疲《つか》れていても、自分から宿題をやると言っていて驚《おどろ》きました」と連絡帳《れんらくちょう》に書いていただいたことは、私の宝物です。

知的障害をあわせ有する子どもの授業

知的障害特別支援学校の教科で学習する子どももいます。国語・数学（算数）という授業では、絵本を読み、絵本の一場面を実際に体験しながら理解を深めることも多くあります。体験がともなう活動では自作教具が欠かせません。秋葉原《あきはばら》で電子パーツを買い、技術室ではんだ付けして機器をスイッチで動かせるようにしたり、糸鋸《いとのこぎり》などを使って木を加工して下に押《お》すだけでひっくり返せるように動作するものを作ったりします。

生活単元学習という授業では、野菜や米を育てたり、それを使って調理をしたり、季節と関係する物を作ったりします。バケツで稲《いね》を育てるために苗《なえ》を植える活動なども行います。肢体《したい》不自由の子どもは生活動作（水分摂《せっ》取《しゅ》や排泄《はいせつ》など）に時間がかかったり、暑い環《かん》境《きょう》や寒い環境《かんきょう》では体調を崩《くず》しやすかったりするため、植物の世話すべてを本人だけで行うことは困難です。作物は子どもと教諭がいっしょに育てます。

作業するときは子どもを抱《だ》きかかえて畑に下りたり、プランターを台に載《の》せて手の届く高さに調節したりしています。収穫《しゅうかく》のときは、ナスの皮のつや、トマトの張り、ピーマンの弾力《だんりょく》など、五感を活用しながら対象をとらえたり、季節と関連づけて深めていけるように取り組んでいます。そして、収穫《しゅうかく》したものは、家庭に持ち帰ります。自宅で家族から「ありがとう」や「おいしかったよ」と言ってもらえることも、この学習の大切な一場面です。

人の役に立つことや、自分の行動で人に喜ばれることは、卒業後の豊かな社会参加につながると考えています。特に高等部では、「個別の教育支援計画」にこの視点が表れています。生徒や保護者の願いの欄《らん》には、より多くの人に伝わる意思伝達方法の習得（人間関係の構築）や、与《あた》えられることだけでなくみずから選択《せんたく》していくこと（自己決定）に関する記載《きさい》が多く見られます。これらは、進路実習を通して進路先の施設《しせつ》に引《ひ》き継《つ》がれ、活動や生活に活かされていきます。障害の重さに関係なく、選択《せんたく》を通してそれぞれが「私の人生」を歩んでいくことを関係者みんなで支援します。

子どもの思い出となる修学旅行

高等部では2年生のときに、2泊《はく》3日で横《よこ》浜《はま》へ修学旅行に行きます。生徒にとって、学校生活最後の宿泊《しゅくはく》行事となります。フランス料理のコースメニューを食べる機会もあります。食事のマナーやナイフ・フォークの取《と》り扱《あつか》いなど、ふだんの生活ではなかなか経験できないことを学べる点も、修学旅行の特徴《とくちょう》です。学校の外で食事をするさいは、食形態への配慮《はいりょ》も必要です。「食べる・飲む」も運動のひとつであり、うまくできない子どももいます。ペースト食の準備やアレルギー対応について、事前にレストランと入念な打ち合わせをしています。

宿泊《しゅくはく》するホテルとは、食事に加えてお風呂《ふろ》についても相談をします。大浴場を時間限定

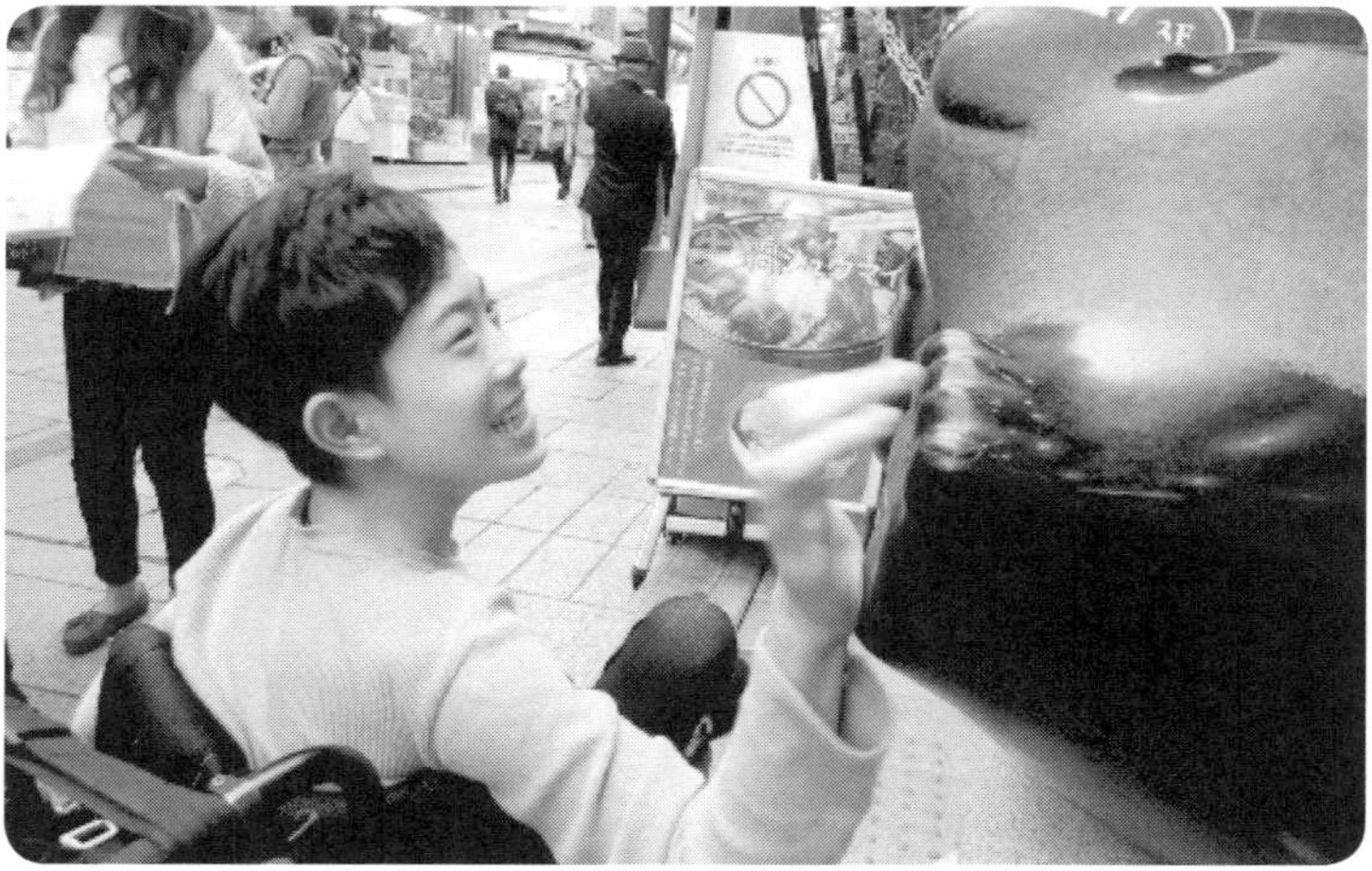

高等部の修学旅行は、２泊３日で横浜へ

で貸し切りにさせてもらうこともあります。今年は、「オービィ横浜」「カップヌードルミュージアム 横浜」「横浜中華街《ちゅうかがい》」「横浜ランドマークタワー」などを見学してきました。生徒にとって、保護者と離《はな》れて友だちと過ごす時間は、学校生活の象徴的《しょうちょうてき》な思い出となっているようです。

文化祭では舞台《ぶたい》発表に挑戦《ちょうせん》！

文化祭は学校によって特徴《とくちょう》はさまざまですが、北特別支援学校では、舞台《ぶたい》発表を中心に取り組んでいます。学年の生徒全員が出られるように題材と配役を決め、台本を考えます。私のときは「ライオンキング」「忠臣蔵《ちゅうしんぐら》」「天《てん》空《くう》の城《しろ》ラピュタ」などの作品を題材に取り組みました。

まずは、複数の書物で作品についていろい

ろ調べておきます。文化祭ではストーリーにのせながら、どのように子ども一人ひとりに活躍《かつやく》してもらうかが肝《きも》ですが、毎年アイデアが出ず、苦悶《くもん》しています。ようやく台本ができたら学年担任で共有して、道具作りを始めます。木材・段ボール・布・電子パーツ、さまざまな素材や物を総動員させて考えます。

忠臣蔵では「扉《とびら》に木の板を打ちつける」というシーンに苦労しました。最終的には、電動ドライバーをマイクロスイッチで動かせるようにしておいて、子どもがスイッチを押《お》すと紐《ひも》が巻き上がり、木の板が持ち上がるようにしました。また、槍《やり》を使うシーンではハンドミキサーに槍《やり》をつけて、スイッチを押《お》すと槍《やり》が高速回転する仕組みにしました。

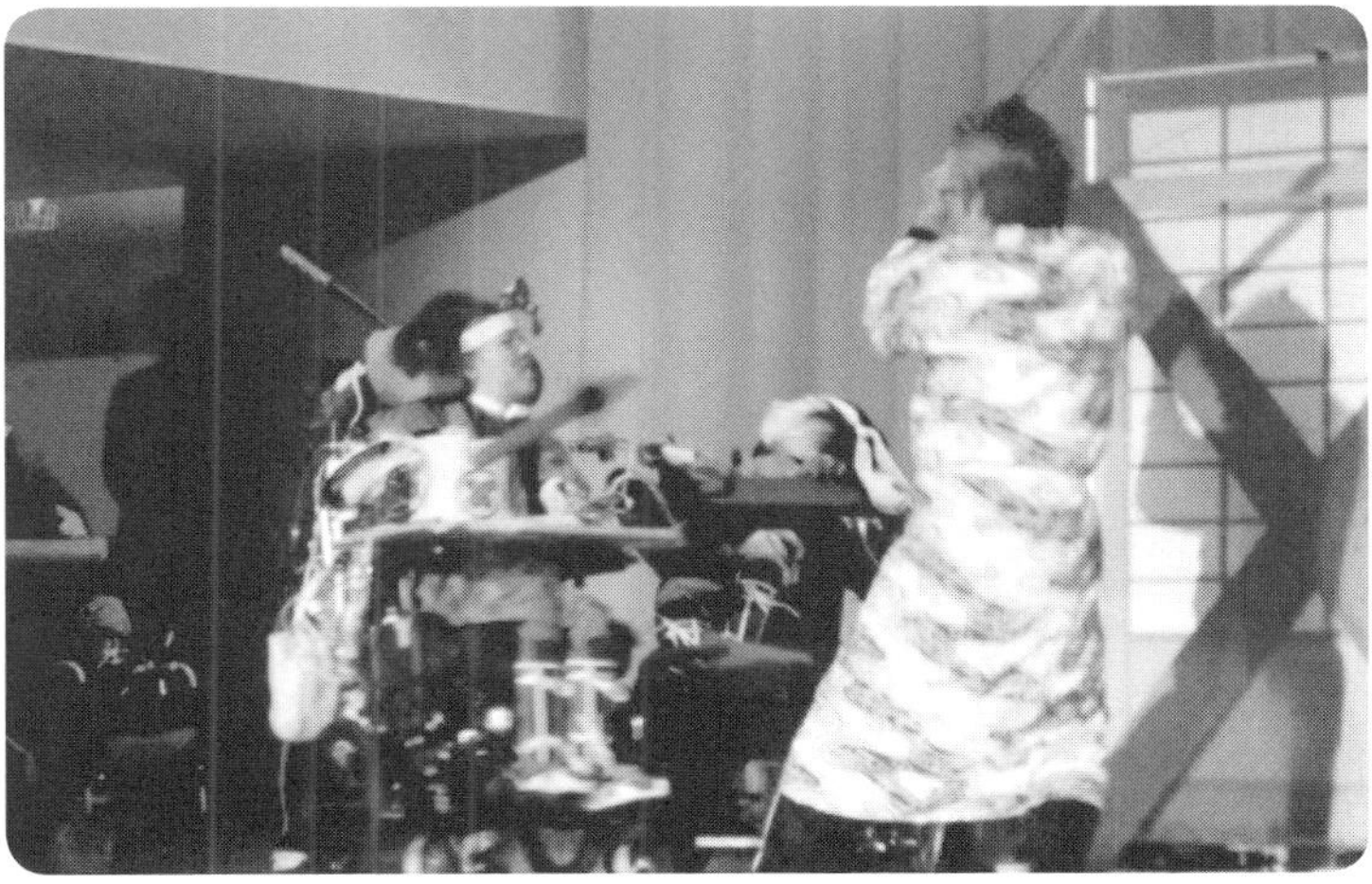
文化祭での「忠臣蔵」。ハンドミキサーにつけた槍が、スイッチで高速回転！

校務分掌《ぶんしょう》で研究・研修にたずさわる

学校では校務分掌《ぶんしょう》という仕事もあります。私はそのなかでも、学校の研究や研修にたずさわる研究部での仕事に取り組んでいます。研修会や特殊《とくしゅ》教育学会で交換《こうかん》させていただいた名刺を頼《たよ》りに、全校研修の企画《きかく》運営をしたり、学校研究の助言者を招聘《しょうへい》したりしています。

教諭としての採用が決まったとき、大学・大学院時代の恩師から「これからは教師も名刺をもつ時代です」と名刺入れをいただきました。今ふり返ると、その名刺入れは私の学びを支え、多くの方々をつないでくれています。

学校研究は、校内の課題を把握《はあく》し、特別支援教育の全体的な動向も踏《ふ》まえながら、研究テーマと方法の提案を行います。学術研究ではなく実践《じっせん》研究のため、授業改善を通して取り組むことが多くあります。成果は、次年度の肢体不自由教育研究協議会《したいふじゆうきょういくけんきゅうきょうぎかい》（地区大会と全国大会がある）という研究大会で発表します。発表担当者は授業を実践《じっせん》した教諭ですが、サポートで資料をつくったり、発表内容をいっしょに考えたりしています。

子どもからの期待の眼差しが支え

肢体《したい》不自由特別支援学校に勤務してから、さまざまなことを経験し習得しました。技術室の道具で木のパズルが作れるようになったり、電子パーツとはんだごてを使っておもちゃを改造できるようになったり、作物の育て方がわかったり、ウメやビワの加工方法がわかったり……。すべて、目の前の子どもにワ

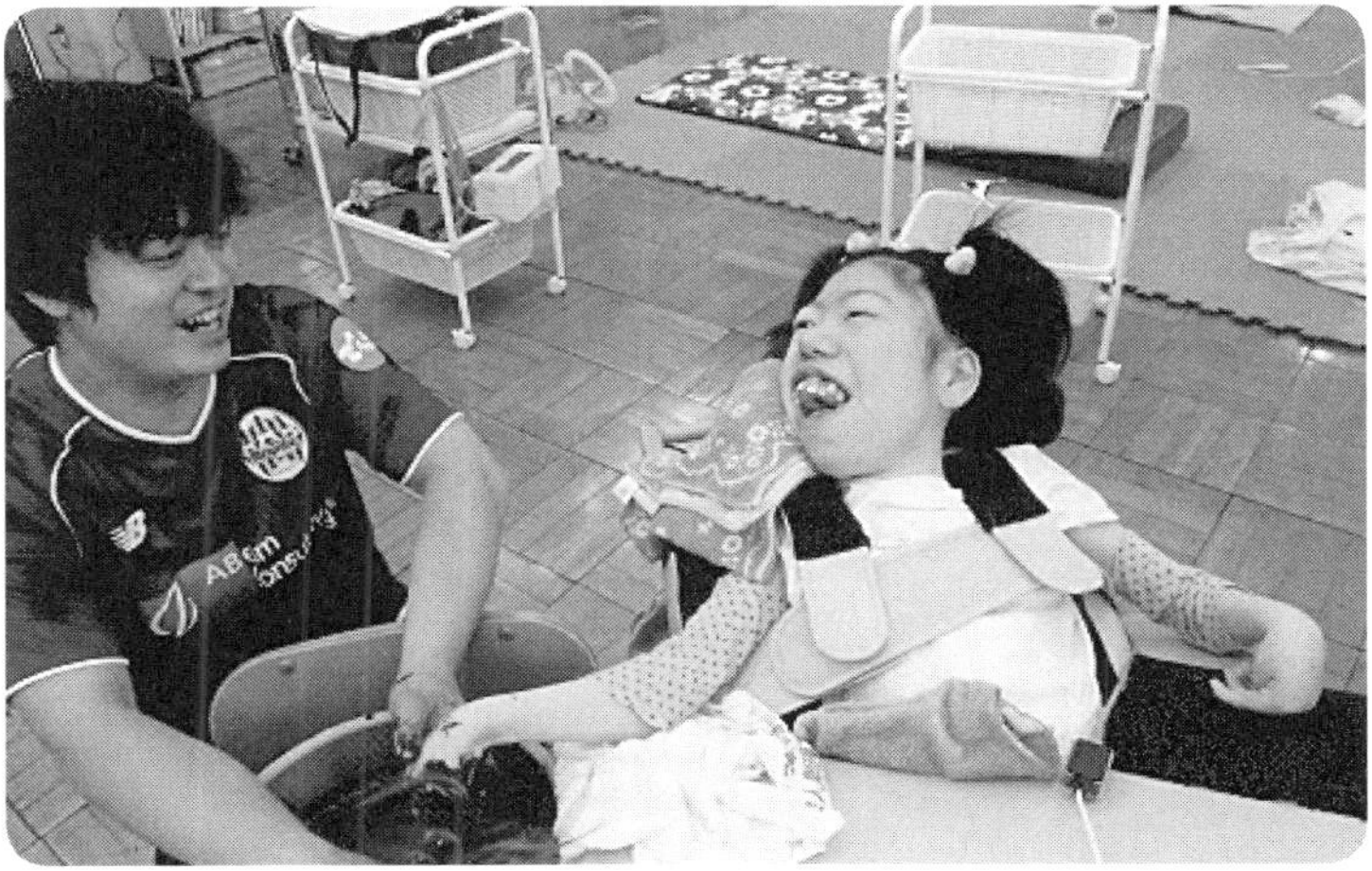

子どもの期待に応えるために教諭も成長します

クワクする活動を提供したい思いで、先輩《せんぱい》の先生方から教わり、自分でやってみて少しずつできるようになったことです。障害の重い軽いにかかわらず、子どもは「今からどんなおもしろいことをするのだろう」と私たちに期待してくれています。授業はうまくいかないこともありますが、あきらめずに地道に追求し続けることが、子どもの期待につながっているのではないかと思っています。

子どもの学びは教諭が支えているのかもしれませんが、私たち教諭の学びと努力もまた子どもに支えられています。

ドキュメント 3 知的障害の学校で働くベテラン特別支援学校教諭

特別支援学校全体を見ながら教育を強化

東京《とうきょう》都《と》立《りつ》青鳥《せいちょう》特別《とくべつ》支援《しえん》学校《がっこう》
岩《いわ》城《き》吉《よし》昭《あき》さん

執筆者提供（以下同）

岩城さんの歩んだ道のり

教諭を志望したのは中学生のとき。その後、大学で参加したボランティアではじめて特別支援学校の生徒とかかわり、特別支援学校教諭の道へ。生徒の個性をじっくり観察して一人ひとりに合ったやり方を大切にする、という心情のもと、現在は主幹教諭として学校の教育力強化にも尽力《じんりょく》する日々です。

中学校で知った教諭の魅力《みりょく》

私が教諭になりたいと思ったのは中学生のときでした。中学校へ入学し小学校とは違《ちが》う教科担当制の授業がとても新鮮《しんせん》で、いろいろな先生の授業を受けられることを楽しみにしていました。そのなかでも学年主任でバスケットボール部顧問《こもん》だった社会科の田中《たなか》先生の授業はとても楽しく、私はいつの間にかひき込《こ》まれていました。気付くと私は仮入部をしていた剣道部《けんどうぶ》ではなく、田中先生のバスケットボール部へ入部していました。今ふり返ってみると、田中先生に「褒《ほ》められたい」「認められたい」という気持ちが芽生えていたのだと思います。そのときから、将来は先生のような魅力《みりょく》ある教諭になりたいと思うようになりました。

ブンブンブブン！

大学3年のとき、特別支援学校の移動教室のボランティアにはじめて参加することになりました。それまで小学校や中学校の教諭をめざして多くの移動教室のボランティアを経験していた私は、友人の誘《さそ》いを安易な気持ちで引き受けました。

移動教室当日。生徒との出会いは衝撃的《しょうげきてき》でした。集合場所では急に走り出す生徒、そのようすを見て泣き出して大声を発する生徒、私の顔をじっと見てにっこり微笑《ほほえ》んでくれる生徒。どの生徒も個性豊かでした。4日間、私は、れんさん（仮名）担当になりました。はじめは話しかけても応えてもらえず、担任の先生のそばから離《はな》れようとしません。何とか、れんさんとの距離《きょり》を縮めるきっかけはないかと、ようすをじっくり観察していると、一人で何かを楽しそうに話していることに気付きました。それは当時の、あるバラエティー番組の人気コーナーでお馴染《なじ》みの「ブンブンブブブン！」という掛《か》け声《ごえ》でした。横から「せーの、ブンブンブブブン！」と話しかけると、それまで見向きもしてくれなかったれんさんが目を丸くして私を見上げ、にっこり笑ってくれました。そのあとは時間の許す限り、何度も何度もそのリズムをいっしょに楽しみ、距離《きょり》を縮めることができました。

特別支援学校教諭に興味をもち始めた私は、その後も林間・臨海学校などへの移動教室や修学旅行などのボランティアを経験しながら、大学でも特別支援教育の講義を履修《りしゅう》して学び始めました。さまざまな障害者教育の先達《せんだつ》について学ぶなかで、『手をつなぐ子等』『茗荷《みょうが》村《むら》見聞記』などの著者としても知られる日本の障害者教育の先駆者《せんくしゃ》だった田村一二《たむらいちじ》氏の実《じっ》践《せん》に特に影響《えいきょう》を受けました。

子どもを見るということ

私の最初の赴任校《ふにんこう》は、大規模校の高等部でした。当時、高等部には普通科《ふつうか》と職業学科があり、さらに、ほかにも小中学部のある分校や病院内に分教室のある学校でした。高等部は卒業後の進路として、民間企業《きぎょう》などへの雇《こ》用《よう》就労、さまざまな支援事業を運営する事業所や施設《しせつ》への通所などがあり、働く意欲を培《つちか》ったり、将来の職業生活や社会生活に必要な力を身につけたりする学習をしていました。

特別支援学校教諭になった1年目。お世話になっている先輩《せんぱい》教諭から言われたある言葉が、今でもとても印象に残っています。その先輩《せんぱい》は教諭になってちょうど6年目で、特別支援教育専攻《せんこう》ではありませんでしたが、障害が重度の生徒とも上手《じょうず》にコミュニケーションの取れる方でした。私が高等部3年生のはるとさん（仮名）の指導に悩《なや》んでいたときのことでした。

「岩城さんって、教科書通りだよね」

はじめは言葉の真意がはかれず、「教諭経験のない私は大学で学んできたことに頼《たよ》るほかない。教科書通りで何が悪いのか」と生意気にも頭にきたことを覚えています。

その先輩《せんぱい》教諭が言いたかったことは「答えは専門書ではなく、目の前にいる生徒のなかにある」ということでした。確かに私は障害名にばかりに気を取られ、障害に関する専門書を読み漁り、はるとさんのことをしっかり見ていませんでした。教諭になりいろいろな

先輩教諭と趣味の阿波踊りで韓国出演！（前列左から２人目が岩城さん）

障害のある生徒とかかわるなかで、大学生のころに体感した〝子どもをじっくり観察することの大切さ〟を忘れかけていたのかもしれません。障害による特性が似ていても子どもはそれぞれ違《ちが》います。一人ひとりに合ったやり方を考えていくという、ごくあたりまえのことを学んだ瞬間《しゅんかん》でした。

ともに学ぶということ

高等部でいろいろな生徒とかかわるなかで、生徒の中学時代の教育に興味をもつようになり、*特別支援教育異校種期限付異動の制度を使って中学校へ異動することにしました。

中学校には知的障害特別支援学級の主任として赴任《ふにん》し、在職した3年間は特別支援学校高等部で培《つちか》った生活指導、進路指導を生かした学級経営を心がけました。

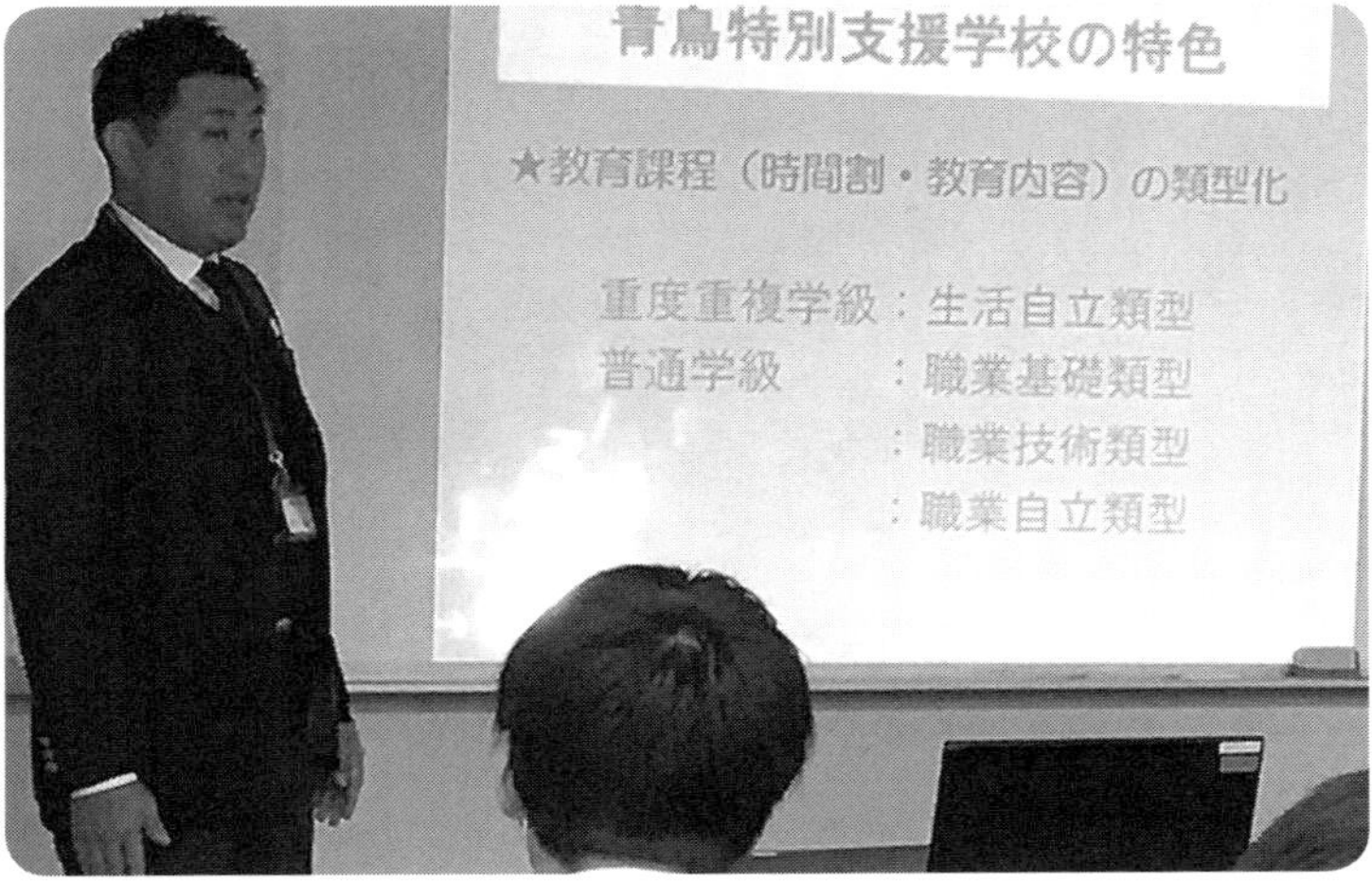

介護等体験生への事前指導

＊**特別支援教育異校種期限付異動**　東京都教育委員会が実施している異動制度。特別支援教育の充実を図るため、原則3年間を期限として、小中学校教員を特別支援学校へ、特別支援学校教員を小中学校（特別支援学級など）に異動させることが可能。

また、中学校では委員会や部活動の顧問《こもん》として通常学級の生徒とも多くかかわりました。彼らとかかわるなかでわかったことは、多くの生徒が同じ学校にいながらも特別支援学級の生徒とかかわったことがなかったり、誤って理解したりしているということでした。そしてそのことは、たがいの関係を築くうえで大きな障壁《しょうへき》になっていました。

そこで、通常学級の生徒に特別支援学級のようすを知ってもらう「交流給食」を思いつきました。学校全体の協力のもと実施《じっし》し、日替《ひが》わりで全学年の通常学級の生徒が特別支援学級に来て、給食をいっしょに食べるようになりました。この取り組みを通して、今までは行事など一時的でしかなかった交流の場を、日常的につくることができ、おたがいの理解をほんの少し深めることができました。交流給食の取り組みを通して、場を共有してともに学び合う大切さを実感する日々でした。

すべては子どものために

中学校への3年間の異動期限が終わり特別支援学校に戻《もど》ってからは、学年主任、生活指導主任、教務主任など学年や学校全体にかかわる立場で仕事をするようになりました。日常生活指導、防災教育、安全指導などの生活指導や、教育課程の編成・管理、授業にかかわる外部専門家や学校評価にかかわる有識者との連絡《れんらく》調整の教務ほか、業務内容は多岐《たき》にわたります。

主幹教諭になってからは直接生徒とかかわる時間が減り、日々の生徒の成長やがんばりを近くで見られる機会が少なくなりました。それまでは自分の担当する授業や学級を通して少数の生徒に継続《けいぞく》してかかわることができていたので、個々の成長も間近で感じとれていました。そのため、主幹教諭になることを敬遠する教諭もいます。

確かに一人ひとりとかかわる時間は少なくなりましたが、学校全体にかかわる仕事を通して全生徒の教育にたずさわり、集団としての成長を支えることができます。今はそのような形で生徒のために働くことに喜びを感じています。

また主幹教諭になってからは、人材育成という視点も強く意識するようになりました。それまでは学校という組織に所属していながら、自分に任された授業、学級、校務分掌《ぶんしょう》だけ責任をもって取り組もうという姿勢でした。しかし今は、教諭の経験や力をどう活かしたら学校全体にプラスに働くか、職層により異なる教諭として必要な力をどう伸《の》ばしていくか、特別支援教育の専門性向上のために何が必要かなどに目を向けています。学校をより良くしていくために、個々の力をどう結集させて学校の教育力を強化していくかを考えています。「立場が人を育てる」といいますが、

身だしなみ講座でひげそりを実演

学校で営業する、現役生による喫茶室「ブルーバードカフェ」

主幹教諭としてまだまだ未熟だからこそ、その役割への期待に必死に応えようと日々奮闘《ふんとう》しています。

職場が変わっても、職層が変わっても、信念は変わりません。

「すべては子どものために」。

2章

特別支援学校教諭の世界

障害のある子どものための学校教育の歴史

盲学校、聾学校、養護学校から特別支援学校へ

特別支援教育より前の特殊《とくしゅ》教育の時代

日本では障害のある子どものための教育を「特別支援教育」と呼びます。この特別支援教育は２００７年４月から始まった教育制度です。ここでは特別支援教育が始まる前にさかのぼりながら、障害のある子どもの教育について歴史を見ていきましょう。

特別支援教育より前の制度は「特殊《とくしゅ》教育」と呼ばれていました。この特殊《とくしゅ》教育は学校教育法が施行《しこう》された１９４８年４月から始まり２００７年３月まで、およそ60年続いた戦後日本の、障害のある子どもの教育制度でした。特殊《とくしゅ》教育の時代、障害のある子どもは盲《もう》学校、聾《ろう》学校、養護学校、そして小学校や中学校にある特殊《とくしゅ》学級で学びました。少し説明を加えると、盲《もう》学校では視覚障害のある子ども、聾《ろう》学校では聴覚《ちょうかく》障害のある子どもが学びま

した。そして養護学校は知的障害養護学校、肢体《したい》不自由養護学校、病弱養護学校の三つに分かれており、知的障害のある子ども、肢体《したい》不自由の子ども、病弱な子どもがそれぞれの学校で学びました。一方で小学校や中学校には知的障害、肢体《したい》不自由、身体虚弱《きょじゃく》、弱視、難聴《なんちょう》、その他（情緒《じょうちょ》障害、言語障害）の七つの障害に分かれた特殊《とくしゅ》学級が設置でき、ここでも障害に応じた教育が提供されていました。

とはいうものの特殊《とくしゅ》教育の制度は順調に進みませんでした。特に知的障害のある子ども、肢体《したい》不自由の子ども、病弱な子どものための養護学校をつくることに時間がかかりました。実は、盲《もう》学校と聾《ろう》学校は１９４８年４月から義務制が実施《じっし》されましたが、養護学校は、養護学校を建設する準備不足や知的障害、肢体《したい》不自由、病弱を勉強した専門性のある教師の不足を理由に義務化が遅《おく》れてしまったのです。１９５６年の「公立養護学校整備特別措置法」によって養護学校の校舎の建築費用を国が負担することになり養護学校の数は増えましたが、それでも養護学校の義務化は１９７９年４月からでした。盲《もう》学校と聾《ろう》学校の義務化から31年かかったことになります。

そして１９７９年４月以降、障害のある子どもは盲《もう》学校、聾《ろう》学校、養護学校、そして小学校や中学校の特殊《とくしゅ》学級で学ぶようになります。義務化となった養護学校には、教師がこれまでに経験した以上に、多様な障害をかかえる子どもが通学するようになりました。そ

図表1 特殊教育から特別支援教育へ

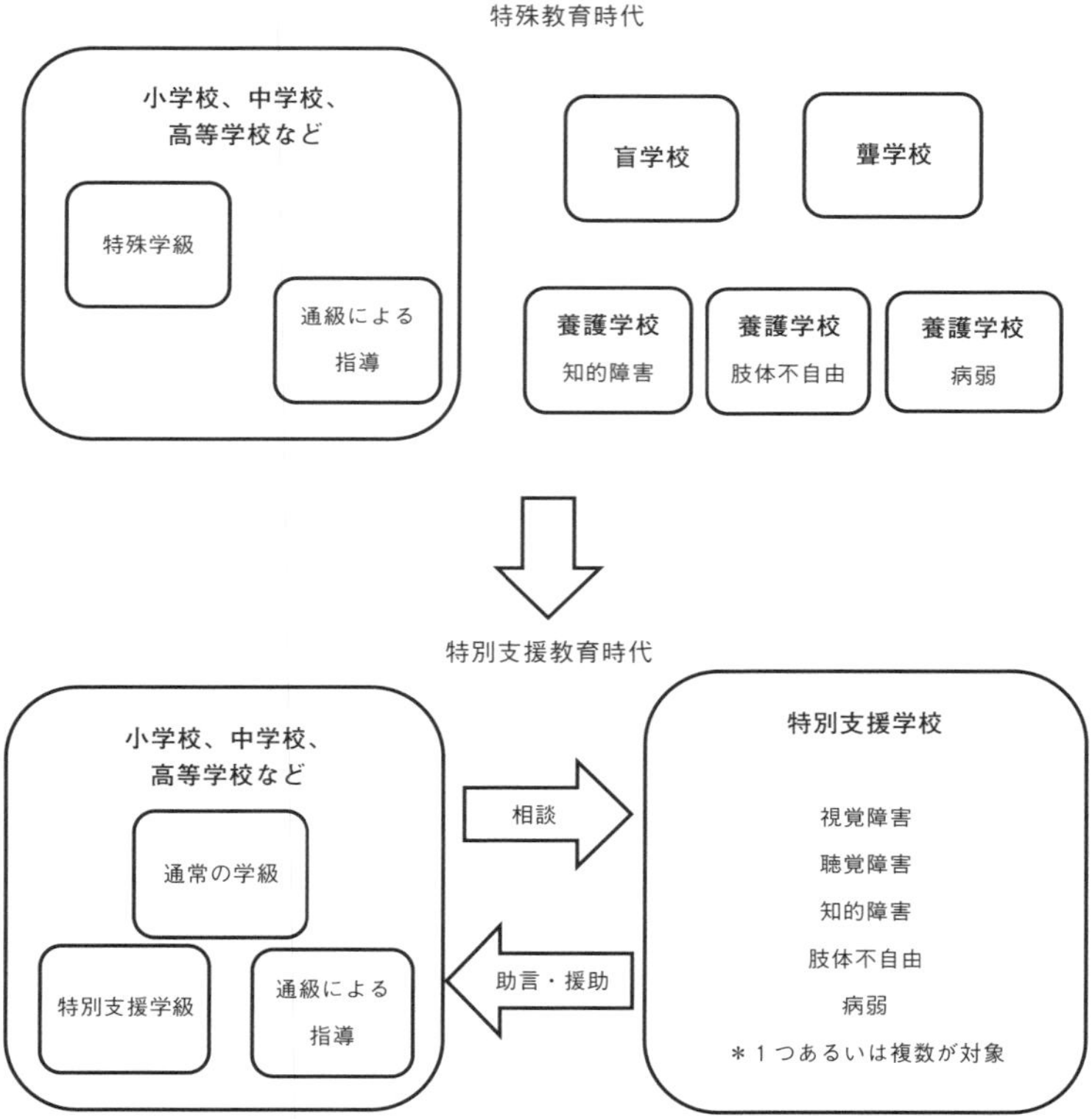

こで養護学校では多様な障害や複数の障害をかかえる重度重複障害児にも適した教育を考え、実践《じっせん》を重ねていきます。さらに養護学校の小学部や中学部では、障害の状態や体調から学校に通うことが難しい子どもの家などに教師が訪問して教育を行う訪問教育も始めました。また、学校卒業後を見据《みす》えた職業教育にも力を入れて取り組むようになります。

時は流れ、1993年になると特殊《とくしゅ》教育は盲《もう》学校、聾《ろう》学校、養護学校、そして特殊《とくしゅ》学級に加えて、「通級による指導」を始めます。通級による指導とは、障害のある子どもが小学校や中学校の学級で勉強をしながら、通級指導教室などと呼ばれるほかの教室でその子どもの障害に応じた教育を受ける取り組みです。対象となった障害は言語障害、自閉症《じへいしょう》、情緒《じょうちょ》障害、弱視、難聴《なんちょう》、肢体《したい》不自由、病弱・身体虚弱《きょじゃく》でした（2006年4月から学習障害や注意欠陥《けっかん》多動性障害も対象になりました）。そして、2000年には養護学校の小学部と中学部で行われていた訪問教育が養護学校高等部でも実施《じっし》されるようになりました。

特別支援教育と日本におけるインクルーシブ教育の時代へ

ここまで見てきたように戦後およそ60年続いた特殊《とくしゅ》教育は盲《もう》学校、聾《ろう》学校、養護学校といった障害ごとの学校や、小学校や中学校に設けた特殊《とくしゅ》学級、通級による指導教室で、障害のある子どものための教育を行ってきました。そして学校教育法を改正し、2007年

4月から現在の特別支援教育の制度に変わります。

特別支援教育は特殊《とくしゅ》教育時代の教育内容や方法を引《ひ》き継《つ》ぎつつ、それまで課題だった複数の障害をかかえる子どもや、小学校や中学校の通常の学級で学ぶ障害のある子どもに対する教育の充実《じゅうじつ》と実践《じっせん》をめざしました。つまり特別支援教育とは、障害のある子ども一人ひとりの教育的ニーズに応じようとする教育制度なのです。そのため盲《もう》学校、聾《ろう》学校、養護学校は、複数の障害に対応可能な特別支援学校に代わり、特殊《とくしゅ》学級の名称も特別支援学級に代わりました。もちろん通級による指導は特別支援教育でも引《ひ》き継《つ》がれました。さらに特別支援教育は、小学校や中学校の通常の学級で学ぶ障害のある子どもにも対応し、小学校や中学校からの相談に対して特別支援学校が助言や援助《えんじょ》を行う特別支援学校のセンター的機能という仕組みも整えました。

また、2010年ごろから日本ではインクルーシブ教育という教育システムについて議論を始めます。インクルーシブ教育とは、障害のある子どもとない子どもがともに学ぶ仕組みで、2006年に国際連合で採択《さいたく》された「障害者の権利に関する条約」にも明記されています。このインクルーシブ教育を実現するため、特別支援教育が培《つちか》ってきたノウハウを発展させながら日本におけるインクルーシブ教育が着実に進められています。

（高野聡子）

特別支援学校に留まらない特別支援教育の世界

特別支援学校や特別支援学級、通級による指導など広がる教育

ニーズに応じた、さまざまな特別支援教育

特別支援教育が行われる場所は特別支援学校に留まりません。特別支援教育は、障害のある児童生徒一人ひとりの教育的ニーズに応じて、特別支援学校のほか、特別支援学級、通級指導教室（通級による指導）、そして通常の学級で行われています。

特別支援学校

特別支援学校は幼稚部《ようちぶ》、小学部、中学部、高等部といった学部制になっており、児童生徒は年齢《ねんれい》に応じた学部で教育を受けます。対象の障害は、視覚障害、聴覚《ちょうかく》障害、知的障害、肢体《したい》不自由、病弱・身体虚弱《きょじゃく》の五つの障害です。特別支援学校ではこの五つの障害から一

つあるいは複数を対象にした教育を行います。1学級（小学部・中学部）の標準人数は6人と、少人数の学級編制です。また、小学校や中学校からの相談に対して教育相談や巡回《じゅんかい》指導といった助言や援助を行うセンター的機能も担っています。

・**視覚障害**

視覚障害教育は盲《もう》教育と弱視教育に分けられています。盲《もう》教育では点字を使用し、弱視教育では拡大読書器などで大きくした文字を使用して学習します。小学校、中学校、高等学校と同じ教科を学習し、教師は触《さわ》って物の形や大きさが理解できる教材や、音やにおいから理解できるような教材を準備し授業を行います。「自立活動」という授業時間に一人ひとりの見え方や見えにくさに応じて、点字の学習をしたり、白杖《はくじょう》（白い杖《つえ》）を使った歩行訓練をしたり、弱視レンズの使用方法など

拡大読書器でカブトムシの観察をする幼児たち　野田綾乃さん提供

を学びます。高等部には普通科《ふつうか》のほか、理療科《りりょうか》、保健理療科《りりょうか》、理学療法科《りょうほうか》、音楽科などがあり、そこでは職業教育が行われています。さらに高等部卒業後に通う専攻科《せんこうか》を設置している学校もあり、按摩《あんま》マッサージ指圧師、はり師、きゅう師、理学療法士《りょうほうし》などの国家試験の取得を目的とした技術や知識を習得します。この専攻科《せんこうか》では、病気やけがなどで大人になってから視覚障害になった人も学んでいます。

・聴覚《ちょうかく》障害

人が聴《き》き取れる音の大きさはデシベル（dB）という単位で表され、障害のない子どもが聴《き》き取れる最小の音は0dBとされ、ささやき声は30dBといわれています。特別支援学校（聴覚《ちょうかく》障害）は、両耳の聴力《ちょうりょく》レベルがおおむね60dB以上、補聴器《ほちょうき》などを使用しても通常の話し声を理解することが難しい子どもを想定しています。特別支援学校（視覚障害）と同じように、小学校、中学校、高等学校と同じ教科を学びます。一方で早い時期からの教育を大切にしており、幼稚部《ようちぶ》入学以前の3歳《さい》未満の聴覚《ちょうかく》障害のある子どもを対象にした教育相談も行われています。幼稚部《ようちぶ》や小学部の自立活動では口話《こうわ》といって話している人の口の動きを読み取り、音声で話すコミュニケーションを学びます。そして片手で単語や文などを1文字ずつ表す指文字、手話を活用したコミュニケーションを学習していきます。高等部には普通科《ふつうか》のほかに産業工芸や機械、印刷、被服《ひふく》、情報デザインなどの多様な職業学科が設置され、職業教育が行われています。専攻科《せんこうか》を設置している高等部もあります。

・**知的障害**

知的発達に遅《おく》れがあり、意思の疎通《そつう》が難しく日常生活で支援が必要な児童生徒が特別支援学校（知的障害）に通っています。授業は個別指導（一対一の指導）や一斉《いっせい》授業（集団での指導）で行われます。小学校、中学校、高等学校と同じ教科名の教科を学習しますが、学習内容は学年ごとではなく一人ひとりの発達の状態に応じた段階別（小学部は1〜3段階、中学部2段階、高等部2段階）になっています。また、複数の教科や領域を合わせた、「各教科等を合わせた指導」という学習が行われています。それは衣服の着脱《ちゃくだつ》や食事などの基本的な生活習慣を身につける「日常生活の指導」、遊びを通して学ぶ「遊びの指導」（主に小学部）、そして生活に必要なことを経験から学ぶ「生活単元学習」、職業生活について学ぶ「作業学習」という学習です。高等部に専攻科《せんこうか》を設置している学校もあり、専攻《せんこう》科《か》では職業教育を中心に学びます。高等部や専攻科《せんこうか》を卒業した生徒の多くは、地域の福祉《ふくし》施設《しせつ》や一般《いっぱん》企業《きぎょう》で働きます。

・**肢体《したい》不自由**

児童生徒の多くがかかえる障害は脳性麻痺《まひ》です。日常生活では手足が不自由なため補装《ほそう》具《ぐ》や車椅子《くるまいす》を使用します。手足の麻痺《まひ》だけでなく、知的障害や言語障害などほかの障害を重複している児童生徒もいます。痰《たん》の吸引などの医療的《いりょうてき》ケアを必要とする児童生徒には医《い》療《りょう》と連携《れんけい》した教育が行われ、多くの学校には看護師など医療《いりょう》従事者が働いています。学習内容はほかの特別支援学校に比べて多様で、ほとんどの学校ではつぎの三つの教育課程（時間割り）を設けています。それは、①特別支援学校（視覚障害）、特別支援学校（聴覚《ちょうかく》障害）と同じように小学校、中学校、高等学校と同じ教科と自立活動を学ぶ教育課程、②特別支援学校（知的障害）のように教科や領域を合わせた学習を行う教育課程、③自立活動を中心に体の動きの改善やコミュニケーション力を学ぶ教育課程です。高等部卒業後、多くの生徒は福祉施設《ふくししせつ》に通いますが、大学へ進学したり、企業《きぎょう》へ就職する場合もあります。

・病弱・身体虚弱《きょじゃく》

病気などで継続《けいぞく》して医療《いりょう》や生活上の支援が必要な児童生徒、あるいは体が弱く病気にかかりやすい状態にある児童生徒が対象です。呼吸器や腎臓《じんぞう》の病気、小児がんを患《わずら》っている児童生徒のほか、小児心身症《しんしんしょう》や神経症《しんけいしょう》による不登校の児童生徒も学んでいます。特別支援学校（病弱）は病院内や病院のそばに建てられるだけでなく、病院内に分校（分教室）を設置するなど、病院に入院している児童生徒も通えるようになっています。病院内にある場合には「院内学級」と呼ばれることもありますが、特別支援学級（病弱・身体虚弱《きょじゃく》）も含《ふく》めて「病院にある学校」と呼ばれています。小学校、中学校、高等学校と同じ教科学習をしますが、体調を考慮《こうりょ》して学習内容を短くするなどの配慮《はいりょ》をしています。また、身体面と精神面の健康を維持《いじ》するための学習を自立活動で行います。長期の入院や治療《ちりょう》などで学習に空白期間や遅《おく》れがある児童生徒に対しては、その部分を補う学習を個別指導で行っています。病気が快復すると再び入院前の学校へ通うことが多いため、入院前の学校との連携《れんけい》にも力を入れています。

特別支援学級

特別支援学級は小学校、中学校の中にあります。高等学校の中にも特別支援学級を設けることができますが、現在のところ高等学校には一部の私立学校を除いてほとんど設置されていない状況《じょうきょう》です。特別支援学級では小学校、中学校と同じ教科を学習し、特別支援学校で行われている自立活動も行

中学校の特別支援学級のようす。視覚教材を活用した社会の授業　明杖咲さん提供

います。また、知的障害のある児童生徒は特別支援学校（知的障害）と同じ学習内容を学ぶことができます。１学級の標準人数は８人と少人数の学級編制です。特別支援学級が対象とする障害は、知的障害、肢体《したい》不自由、病弱・身体虚弱《きょじゃく》、弱視、難聴《なんちょう》、言語障害、自閉《じへい》症《しょう》・情緒《じょうちょ》障害の７種で、なかでも知的障害の学級数がいちばん多く、続いて自閉症《じへいしょう》・情緒《じょうちょ》障害となっています。情緒《じょうちょ》障害とは、自閉症《じへいしょう》や心理的原因による選択性緘黙《せんたくせいかんもく》の児童生徒です。

通級による指導（通級指導教室）

小学校、中学校、高等学校にある通常の学級で学ぶ障害のある児童生徒を対象にした教育です（高等学校における通級による指導は２０１８年度より始められました）。この通級による指導を利用する児童生徒は、一日の大部分を通常の学級で学び、週１〜８時間、ふだん学んでいる通常の学級とは別の通級指導教室などと呼ばれる教室で障害の状態に応じた指導を受けます。この通級指導教室は、児童生徒が通っている学校内に設けられる場合（自校通級）、児童生徒がほかの小学校などに移動する場合（他校通級）、自分の学校に通級による指導を担当する教師が巡回《じゅんかい》する場合（巡回《じゅんかい》指導）など、形式はさまざまです。

対象の障害は、言語障害、自閉症《じへいしょう》、情緒《じょうちょ》障害、弱視、難聴《なんちょう》、肢体《したい》不自由、病弱・身体虚《きょ》

弱《じゃく》、学習障害（ＬＤ）、注意欠陥《けっかん》多動性障害（ＡＤＨＤ）です。学習障害とは知的に発達な遅《おく》れはないものの、聞く、話す、読む、書く、計算するなどの能力のなかで特定の能力を習得するのが難しく、注意欠陥《けっかん》多動性障害とは注意力や衝動性《しょうどうせい》、多動性が年齢《ねんれい》や発達とは釣《つ》り合《あ》わず、社会的な活動や学業に支障をもたらす状態で、発達障害に分類されます。

通常の学級

小学校、中学校などの通常の学級で学ぶ障害のある児童生徒も教育対象としています。通常の学級では学習障害、注意欠陥《けっかん》多動性障害などの発達障害のある児童生徒が学んでおり、何らかの支援を必要としている場合には校長のリーダーシップのもと、教育的な支援が行われます。たとえば、障害のある児童生徒の介助《かいじょ》や学習支援を行う特別支援教育支援員が配置されます。学級担任と特別支援教育支援員は、連携《れんけい》しながら障害のある児童生徒を支援します。また、特別支援教育コーディネーターと呼ばれる教師が通常の学級で学ぶ児童生徒の支援を調整します。特別支援教育コーディネーターは、校長、教頭、学級担任や、支援を必要とする児童生徒に関係する機関の関係者らが集まって障害のある児童生徒の状態を把握《はあく》し、支援を検討する校内委員会の企画《きかく》や運営を中心的に担います。

その他の交流及《およ》び共同学習

特別支援教育では、障害のある児童生徒と障害のない児童生徒がともに学ぶ「交流及《およ》び共同学習」にも取り組んでいます。特別支援学校の児童生徒と小学校、中学校、高等学校の児童生徒がいっしょに学校行事に参加したり、総合的な学習の時間などの授業を行ったりします。そのほかには地域の障害のある人とスポーツなどを通した交流も行われます。障害のある児童生徒にとっては、障害のない児童生徒と交流する機会となるだけでなく、地域社会について学ぶ機会になります。また、障害のない児童生徒は障害に関する理解と知識を深める機会となります。そして障害のある児童生徒と障害のない児童生徒がたがいを認め、たがいを尊重することの大切さについて学びます。

（高野聡子）

日本におけるインクルーシブ教育と小学校、中学校、高等学校及び特別支援学校での特別支援教育

インクルーシブ教育とは

インクルーシブ（inclusive）とは、すべてを含《ふく》んだ・包み込《こ》んだ〝包容する・包括《ほうかつ》する〟という意味合いをもっています。障害のある、ないということが前提ではなく、分けないということがまずありきという考え方です。従って、インクルーシブ教育（inclusive education）とは、障害のある子どもと障害のない子どもという区別をなくし、両者がともに学べる教育のあり方をめざすことであり、そのうえで、一人ひとりの教育的ニーズに応じて、教育をすることといえます。わかりやすくいえば、インクルーシブ教育とは、同じ学びの場でともに学ぶことを追求するとともに、子どもの成長と発達に必要な支援（ニーズ）にもっとも的確に応えられる教育をすることといえます。

インクルーシブ教育のあり方を日本ではじめて公式に提起したのは、２０１２年７月の中央教育審議会《ちゅうおうきょういくしんぎかい》（中教審）・特別委員会報告「共生社会の形成に向けたインクルーシブ教育システム構築のための特別支援教育の推進」においてです。この報告は、２００６年12月の国連総会において採択《さいたく》された「障害者の権利に関する条約」を日本が批准《ひじゅん》するための教育制度検討の一環《いっかん》として提示されたものです。

「障害者の権利に関する条約」第24条　教育の項に記述された「インクルーシブ教育システム」（抜粋《ばっすい》）

「インクルーシブ教育システム」（inclusive education system、署名《しょめい》時仮訳：包容する教育制度）とは、人間の多様性の尊重等の強化、障害者が精神的及《およ》び身体的な能力等を可能な最大限度まで発達させ、自由な社会に効果的に参加することを可能とするとの目的の下、障害のある者と障害のない者が共に学ぶ仕組みであり、障害のある者が「general education system」（署名《しょめい》時仮訳：教育制度一般）から排除されないこと、自己の生活する地域において初等中等教育の機会が与《あた》えられること、個人に必要な「合理的配慮《はいりょ》」が提供される等が必要とされている。

どの国にも、その国の独自の教育制度があります。前述した日本の障害のある子どもの教育制度も、独自の歩みをしてきました。その独自の歩みを見極め、さらに発展させるために、この中教審・特別委員会の報告（以下、報告と略記）では、日本におけるインクルーシブ教育システム構築に向けた具体的な教育施策《しさく》についての提案がされたものといえるでしょう。

インクルーシブ教育システム構築と特別支援教育

中教審・特別委員会報告では、今後の日本がめざすべき社会は共生社会であるとし、この共生社会形成に向けて「インクルーシブ教育システム構築のための特別支援教育が着実に推進されることで、障害のある子どもにも、障害があることが周囲から認識されていないものの学習上又は生活上の困難のある子どもにも、更にはすべての子どもにとっても、良い効果をもたらすことを強く期待する」と冒頭《ぼうとう》で述べています。２０１７年から推進されてきた特別支援教育の発展が、日本でのインクルーシブ教育システム構築につながっていくことを強く期待していることがわかります。また、報告では、インクルーシブ教育システム構築に向けて、つぎの五つのことを提言しています。

共生社会とインクルーシブ教育システム構築

①共生社会について

報告では、共生社会について「これまで必ずしも十分に社会参加できるような環境《かんきょう》になかった障害者等が積極的に参加・貢献《こうけん》していくことができる社会である。それは、誰《だれ》もが相互《そうご》に人格と個性を尊重し支え合い、人々の多様な在り方を相互《そうご》に認め合える全員参加型の社会である」と規定し、共生社会の形成に向けてインクルーシブ教育システムの理念が重要であり、その構築のために特別支援教育を着実に進めていく必要があること、また、「同じ場で共に学ぶことを追求するとともに、（中略）その時点での教育的ニーズに最も的確に応える指導を提供できる、多様で柔軟《じゅうなん》な仕組みを整備することが重要である」としています。これは日本でのインクルーシブ教育と特別支援教育の関係性を述べたものといえるでしょう。

②早期からの教育相談・支援と就学先決定の在り方

子ども一人ひとりの教育的ニーズに応じた支援を保障するために、乳幼児期を含《ふく》め早期からの教育相談や就学相談を行うことの必要性や、子どもが専門的な教育相談・支援が受けられる体制を早急に確立することの必要性が論じられています。就学先決定の仕組みについては、従来の就学先決定の仕組みをあらため、総合的な観点から就学先を決定する仕組みとすること、そのさい、本人・保護者に対して十分な情報提供や本人・保護者の意見を最大限尊重すること、本人・保護者と市町村教育委員会、学校等が教育的ニーズと必要な支援について合意形成を行うことを原則とすることなどについての指摘がされました。

③合理的配慮《はいりょ》及《およ》びその基礎《きそ》になる環境《かんきょう》整備

「合理的配慮《はいりょ》」とは、「障害のある子どもが、他の子どもと平等に『教育を受ける権利』を享有《きょうゆう》・行使することを確保するために、学校の設置者及《およ》び学校が必要かつ適当な変更《へんこう》・調整を行うことであり、障害のある子どもに対し、その状況《じょうきょう》に応じて、学校教育を受ける場合に個別に必要とされるもの」であるとしています。「合理的配慮《はいりょ》」の基礎《きそ》となる環《かん》境《きょう》整備については、「基礎的環境《きそてきかんきょう》整備」というとされています。学校の設置者である国・都道府県・市町村は、必要な財源を確保し基礎的環境《きそてきかんきょう》整備の充実《じゅうじつ》に努めなければなりません。そして、障害のある児童生徒の在籍状況《ざいせきじょうきょう》などを踏《ふ》まえ、学校施設《しせつ》に関する合理的な整備計画を策定し、計画的にバリアフリー化を推進することが求められています。

④多様な学びの場の整備と学校間連携《れんけい》などの推進

インクルーシブ教育システム構築のためには、多様な学びの場（通常の学級、通級による指導、特別支援学級、特別支援学校）の整備と教職員の確保が求められることなどをあげています。また、地域内の教育資源（幼・小・中・高等学校及《およ》び特別支援学校など、特別支援学級、通級指導教室）それぞれ単体だけでは子ども一人ひとりの教育的ニーズに応えることは難しいことから、㋐地域内の教育資源の組み合わせ（スクールクラスター）により、地域内のすべての子ども一人ひとりの教育的ニーズに応えること、㋑交流及《およ》び共同学習を推進すること、㋒特別支援学校のセンター的機能を活用すること、㋓特別支援学校は、通常の学校の支援をするセンター機能を一層充実《じゅうじつ》させること、㋔医療《いりょう》・保健福祉《ふくし》・労働などの関係機関との連携《れんけい》を推進することなどにより、各地域におけるインクルーシブ教育システムを構築することが必要とされています。

⑤教職員の専門性向上など

インクルーシブ教育システム構築のうえで、一人ひとりの子どもの教育にたずさわる教職員、教育委員会関係者などの専門性の向上は重要な課題です。そこで、報告では、すべての教員が特別支援教育に関する一定の知識・技能を有していることを求めました。特に発達障害に関する一定の知識・技能は、通常の学級担任には必須《ひっす》であること、そのため現職教員の研修の充実《じゅうじつ》を図ること、必要に応じて外部人材の活用も含《ふく》めて学校全体としての専門性を確保していくことが必要であることなどを指摘しています。

学校全体として専門性を向上させていくためには、校長などの管理職のリーターシップ、学校を支援する教育委員会の指導主事などを対象とした研修の実施《じっし》、特別支援学校教員の特別支援学校教諭《きょうゆ》免許状《めんきょじょう》の取得率の向上、特別支援学級や通級による指導の担当教員は、特別支援教育の重要な担い手であり専門性の向上を図ることなどに加えて、障害のある者が教職員という職業を選択《せんたく》できるように環境《かんきょう》整備を進めていくことなどが提起されました。

特別支援学校教員の特別支援学校教諭免許状《めんきょじょう》の取得率の向上（抜粋《ばっすい》）

特別支援学校教諭については、教育職員免許《めんきょ》法附則第15項「幼稚園《ようちえん》、小学校、中学校又は高等学校の教諭の免許状《めんきょじょう》を有する者は、当分の間、特別支援学校の相当する各部の主幹教諭、指導教諭、教諭又は講師となることができる。」との規定により特別支援学校教諭免許状《めんきょじょう》がなくても勤務が可能とされてきましたが、平成27年度の中教審による「これからの学校教育を担う教員の資質能力の向上について（答申）」において、「教育職員免許《めんきょ》法附則第15項の廃止も見据《す》え、平成32年度までの間に、おおむね全ての特別支援学校の教員が免許状《めんきょじょう》を所持することを目指し」とされました。

インクルーシブ教育システム構築をめざす学習指導要領の改訂《かいてい》

中央教育審議会は２０１６年12月に「幼稚園《ようちえん》、小学校、中学校、高等学校及《およ》び特別支援学校の学習指導要領等の改善及《およ》び必要な方策等について（答申）」を発表しています。

この答申で「教育課程全体を通じたインクルーシブ教育システムの構築を目指す特別支援教育」の方向性について、つぎのようにあげています。

①インクルーシブ教育システムの理念を踏《ふ》まえること。

②すべての学校において、特別支援教育を進めること。

③特別支援学校においては、小・中・高等学校に準じた改善を図り、同時に自立活動の充《じゅう》実《じつ》と知的障害教育の各教科を改善する。そのうえで、幼稚園《ようちえん》、小学校、中学校、高等学校及《およ》び特別支援学校等とのあいだで、教育課程が円滑《えんかつ》に接続していけるようにすること（教育活動の在り方と相互《そうご》の連続性の可視化。子どもたちの学びの連続性の実現）をめざす。

２０１７年３月に改訂《かいてい》された「小・中学校学習指導要領」では、特別支援教育の充実《じゅうじつ》に関して、つぎのような内容がもり込《こ》まれています。

○児童生徒の障害の状態に応じた指導内容や指導方法の工夫を組織的・計画的に行う。

○特別支援学級及《およ》び通級による指導に関する教育課程編成の基本的な考え方を示す。
○医療《いりょう》や福祉《ふくし》、保健、労働などの関係機関との連携《れんけい》を図り、長期的な視点から教育支援を行うために、個別の教育支援計画の作成・活用に努める。また、各教科などの指導にあたっては、個別の指導計画の作成・活用に努める。通級による指導を受ける児童生徒及《およ》び特別支援学級に在籍《ざいせき》する児童生徒については、全児童生徒分の個別の教育支援計画や個別の指導計画を作成する。
○各教科などで児童生徒の学習上の困難に応じた指導内容や指導方法の工夫を図ること。
○障害者理解教育、心のバリアフリーのための交流及《およ》び共同学習。

２０１８年４月からは、高等学校での通級による指導の制度化が図られました。制度の実施《じっし》にあたり必要な事項《じこう》を示すこととあわせて、円滑《えんかつ》に準備が進められるよう実践例《じっせんれい》の紹《しょう》介《かい》などの必要性が述べられています。

特別支援学校学習指導要領等の公示に関する通知

２０１７年４月28日付で、特別支援学校幼稚部《ようちぶ》教育要領、小学部・中学部の学習指導要領が公示されましたが、それにさいして、学校教育法施行《しこう》規則の一部を改正する省令が出されています。高等部については、２０１９年２月４日付けで同様の措置《そち》がされています。

具体的には、幼稚園《ようちえん》教育要領及《およ》び小学校、中学校、高等学校学習指導要領に準じた改正を実施《じっし》すること、加えて特に、以下の内容について努めることなどが記載《きさい》されています。

○各学校におけるカリキュラム・マネジメントの確立において、障害の状態や特性及《およ》び心身の発達の段階など並《なら》びに学習の進度などを考慮《こうりょ》して、個別の指導計画に基づき、基礎《きそ》的《てき》・基本的な事項《じこう》に重点を置くなど、指導方法や指導体制の工夫改善に努めること。

○個別の指導計画の実施状況《じっしじょうきょう》の評価と改善、教育課程の評価と改善につなげていくよう努めること。

○学びの連続性を重視した対応、一人ひとりに応じた指導の充実《じゅうじつ》などに努めること。

○特別支援学校教諭等免許状《めんきょじょう》の早期取得の促進《そくしん》及び特別支援学校教員の専門性向上に引き続き努めること。

以上、「障害者の権利に関する条約」を巡《めぐ》る日本の教育制度改革の動きを見てきました。日本におけるインクルーシブ教育システム構築は、特別支援教育の充実《じゅうじつ》によってはじめて達成されるものとしてさまざまな整備が進んでいることが理解していただけたでしょう。今後、こうした観点から学校教育を注意深く見守っていく必要性があると感じています。

（宮﨑英憲）

ミニドキュメント 1 視覚障害の学校で働く

執筆者提供（以下同）

子ども一人ひとりの成長のため力になりたい

埼《さい》玉《たま》県《けん》立《りつ》特《とく》別《べつ》支《し》援《えん》学《がっ》校《こう》塙《はなわ》保《ほ》己《き》一《いち》学《がく》園《えん》
野《の》田《だ》綾《あや》乃《の》さん

視覚障害特別支援学校とは

埼玉県立特別支援学校塙保己一学園は、視覚に障害のある幼児・児童・生徒のための学校です。幼稚部《ようちぶ》・小学部・中学部・高等部普《ふ》通科《つうか》・高等部専攻科《せんこうか》（理療科《りりょうか》・保健理療科《りりょうか》）があり、幅広《はばひろ》い年代の方々が点字や拡大文字などを使って学んでいます。また、寄宿舎が設置されており、日常生活を通して必要な力を身につける指導も行われています。

幼稚部《ようちぶ》はどんなところ？

幼稚部《ようちぶ》では、視覚に障害のある3～5歳《さい》の子どもへの支援を行っています。子どもの見え方や実態はさまざまです。その他の障害（知的障害、発達障害、肢体《したい》不自由など）のある子もいます。遊びや日常生活を通し、人との信頼《しんらい》関係を育てつつ、それぞれの子どもの発達や見え方に応じて、食事、衣服の着脱《ちゃくだつ》、排泄《はいせつ》など基本的生活習慣を身につけることをめざしています。

幼稚部《ようちぶ》の1日

9時15分から子どもたちが登校してきます。「おはよう」と元気にあいさつしてくれる子、ママと離《はな》れることがつらくて泣いている子など、教室が一気ににぎやかになります。靴箱《くつばこ》やロッカーに貼《は》ってある自分のマークを手がかりに、上履《うわば》きや荷物の片付けを行います。全盲《ぜんもう》の子は、靴箱《くつばこ》から教室までの道のりを一人で移動できるように、壁《かべ》の手触《てざわ》りの変化などを手がかりに、くり返し練習します。背中を靴箱《くつばこ》の壁《かべ》につけて廊下《ろうか》を渡《わた》り、木の壁《かべ》にふれたら90度左に曲がり、コンクリートの壁《かべ》を伝い、ドアまで来たら90度左に曲がると、教室にたどり着きます。

登校後は、「のびのびタイム」という時間が設けられています。それぞれのペースで課題に取り組んだり、緊張《きんちょう》した体をゆるめたりすることができる、ゆとりのある時間です。身支度が課題の子どもは、リュックから連絡《れんらく》帳《ちょう》や給食セットなどを取り出し決められた場所に置く、トイレに行く、着替《きが》えるなどの朝の準備を一つひとつていねいに行います。身支度後は、朝の会や一人ひとりに合わせた方法で予定確認を行います。たとえば、数字や平仮名に興味のある子は、今日の日付を数字カードから選んだり、「のびのびタイム」「さんぽ」などのスケジュールカードをボードに貼《は》っていく作業をしたりします。さまざまな場面で気持ちの切《き》り替《か》えが必要な子には、今行う活動とつぎに行う活動の予定を口頭でていねいに行います。見通しをもつことで、安心して、あるいは好きな活動を楽しみに今行うべき課題に取り組むことができます。予定の確認が終わると、それぞれの興味や関心をもとにした遊びを行います。

たとえば、手指、手首をたくさん使ってほしい場合には、砂場でバケツがいっぱいになるようにシャベルでたくさんの砂をすくい、いっぱいになったバケツをひっくり返してケーキを作ります。楽しみながら目的の動作ができるようはげまします。また、砂の感触《かんしょく》が苦手な子には、砂場の近くに水遊び場をつくり、友だちの楽しそうな声を聞いて興味をもったらいつでも砂場に来ることができるような環境《かんきょう》を整えます。友だちとのかかわりを深

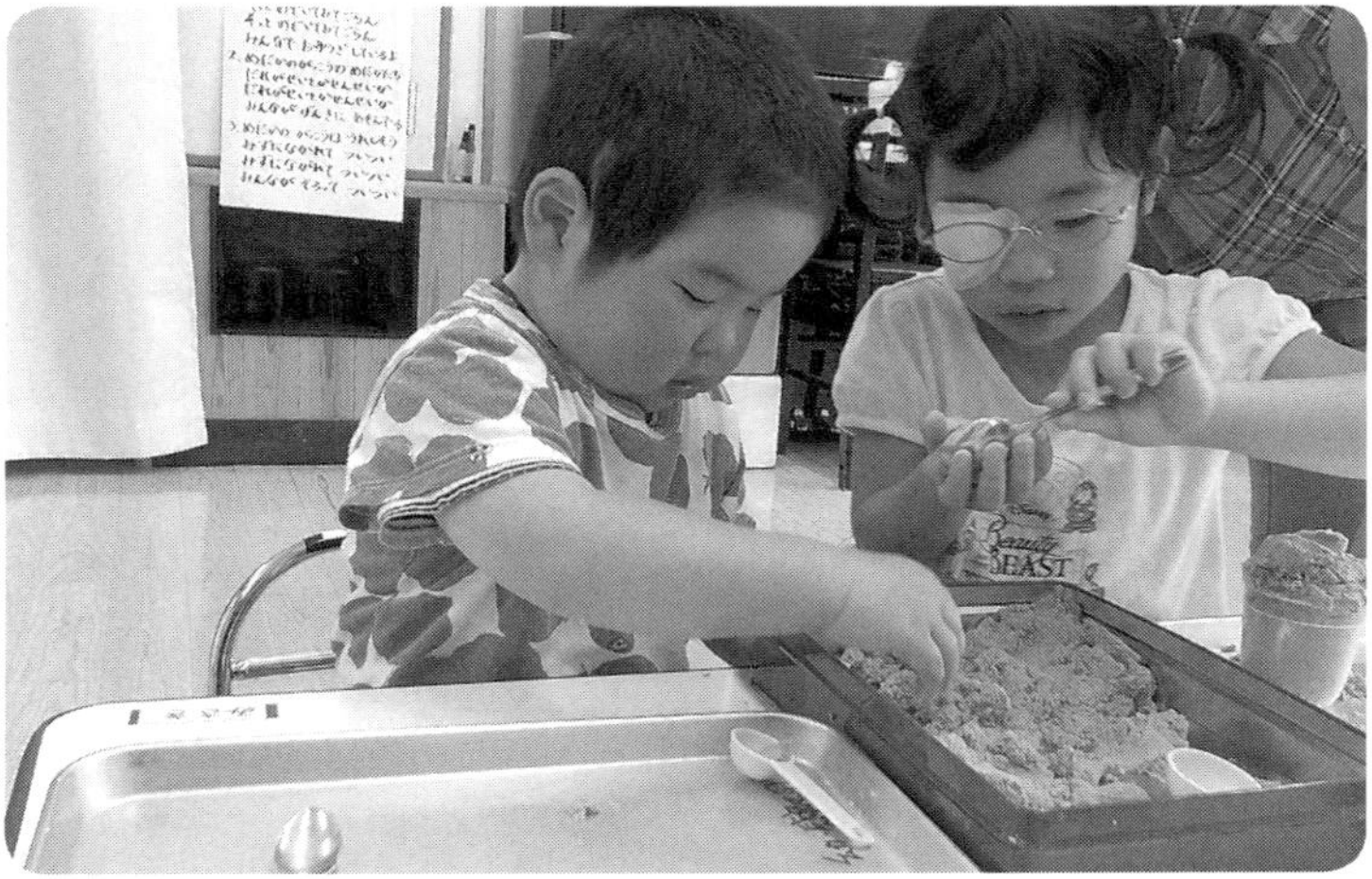

室内でできる砂粘土遊び。砂の感触を楽しみ、思い思いに遊びます

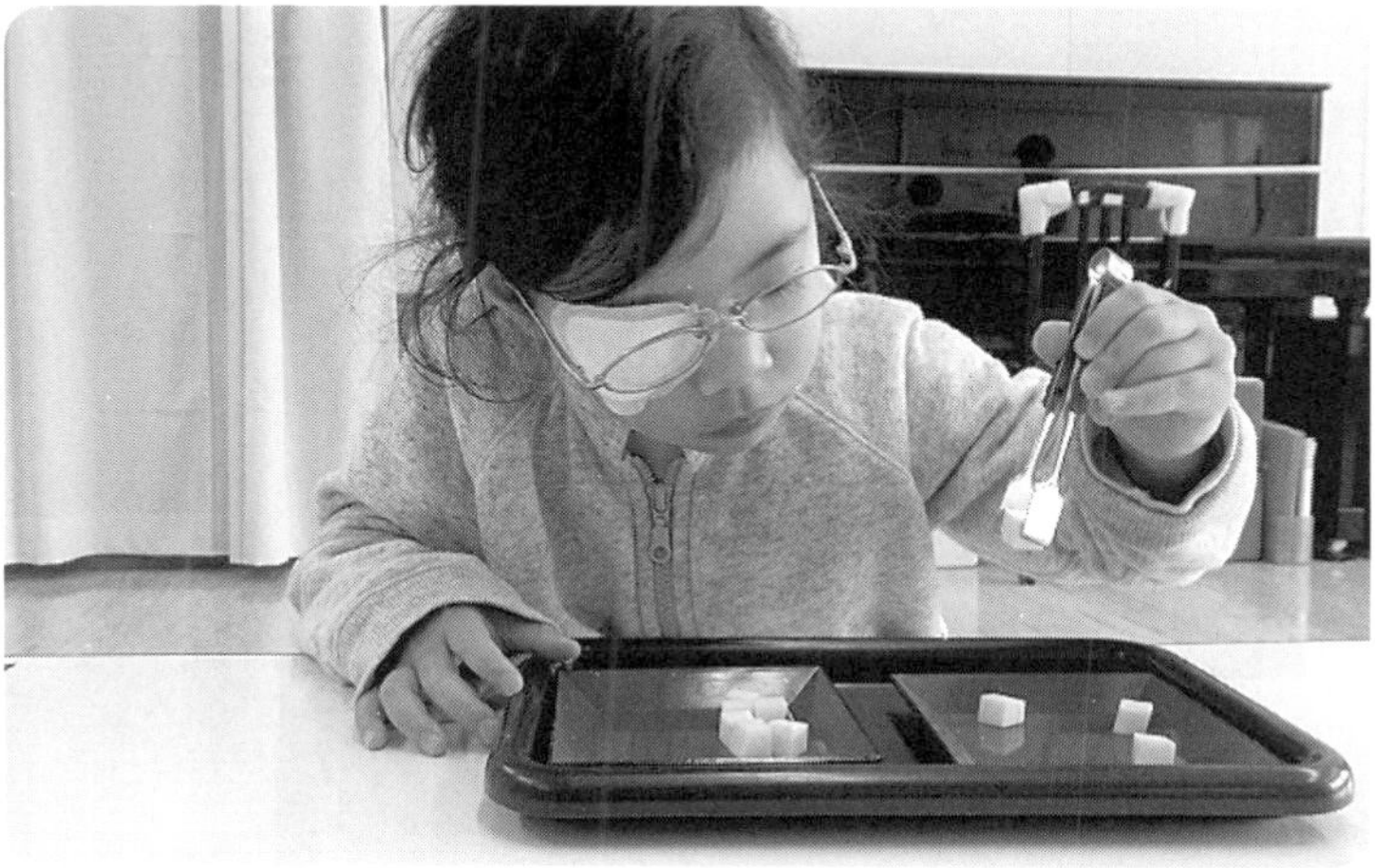

トングを使った遊び。３本指の活用を促します

めてほしい子には、大人はあえて手や口は出さないようにして、子ども同士のかかわりを見守ります。子どもの興味や関心が何かを知り、遊びを深めていくための方策や手立てを考え、環境《かんきょう》を設定していくことが教諭の役目だと思っています。

10時50分からは「お集まり」と「設定遊び」を行います。お集まりでは、今日来ている友だち、先生の名前を呼び、声で出席などを確認します。発語がない子には、「足をトントンしているよ」「うれしそう」と教諭が代わりに動きを知らせたり、気持ちを代弁したりします。設定遊びは散歩、運動、感触《かんしょく》・製作、音楽、チャレンジ（課題別）があります。私は、音楽遊びを担当しています。①はじまりの歌、②手遊び、③今月の歌、④メーンの活動、⑤終わりの歌といった、見通しをもちやすいプログラムにしています。手遊びでは、子どもは見て真似をするということが難しいため、メーンの教諭が手本を示すと同時にサブティーチャーが一人ひとりの手を取り動きを伝えます。今月の歌は、季節感が感じられる曲を二つ決めます。歌詞のなかに出てくる生き物の実物や模型を触《さわ》る活動も行います。

「手のひらを太陽に」を題材にしたときは、歌詞に出てくるミミズやオケラの観察、触察《しょくさつ》を行いました。メーンの活動は、歌、楽器、リズム運動、ふれあい遊びなど音楽的要素のある活動で、子どもの感性やさまざまな体の動きを引き出す授業を日々考えています。肢《し》体《たい》不自由の子どもも発声の代わりに楽器を鳴らしたり、リズム運動のときには足裏をタッピングしたりして、みんなが参加できる活動

右：ロッカーの角にクッション素材を貼り、安全に留意
左：手洗い場。壁と水道が同色のため、黒テープを貼ってわかりやすく

にすることをめざしています。

給食も大事な指導の時間です。給食の準備は、幼児にとって困る場面がたくさんあります。手を洗いたいのに水道の蛇口《じゃぐち》が固くて開けられない、牛乳を飲みたいのにストローを袋《ふくろ》から取り出せないなどです。困った瞬間《しゅんかん》は指導のタイミングです。どうすればいいのかを考えてもらったり、「手伝《てつだ》って」と声に出して支援を求めたりするよう指導します。大人が先回りして学ぶ機会を奪《うば》ってしまわないように、必要最低限の手助けをすることを日頃《ひごろ》から心がけています。

帰りの会では、全員が一部屋《へや》に集まって今日体験したことを発表しあいます。楽しい遊びを披露《ひろう》しあう場にもなり、明日の活動への期待をふくらませる場にもなっています。帰りの歌を歌って、あいさつをすると、保護者の元へ一目散に戻《もど》っていきます。

保護者支援・教育相談

子どもの誕生日《たんじょうび》に、保護者からアルバムを見せていただく機会がありました。たくさんのかわいらしい姿の写真のなかに、入院中の大変だったときの姿もありました。このような経験を経て今ここにいるということを心に留め、保護者との日頃《ひごろ》のコミュニケーションを大切にしています。

幼稚部《ようちぶ》では、地域で生活する0～5歳《さい》の視覚に障害のある子どもたちの教育相談を行っています。定期的に来校される親子には、見えにくさに配慮《はいりょ》した生活や声かけの工夫、玩具やリズム運動を通したコミュニケーション方法などをお伝えしています。保護者が子育てに関して日頃悩《ひごろなや》んでいることをいっしょに考えていきます。要請《ようせい》があれば、地域の幼稚《ようち》園《えん》や保育園などを訪問することもあります。乳幼児期からのこうしたかかわりによって、前向きな子育てやより良い親子のコミュニケーションが図れるようになるための支援をめざしています。

特別支援学校教諭に興味のある方へ

子どもが下校した後、同僚《どうりょう》と一人ひとりについて「今日はこんなところに成長を感じた」「こんな課題が見つかった。どうすればいい？」と会話する場が好きです。学生時代、障害のある方を支援するさまざまなボランティア活動に参加しましたが、その日の活動が終了《しゅうりょう》した後、職員の方々が利用者一人ひとりのようすをうれしそうに、ときに真剣《しんけん》に語るその空間にいることがとても心地よくて、こんな仕事ができたらいいなと思いました。

一人ひとりをていねいに見つめ、深く理解しようとする、この子の成長のためには何が必要で自分には何ができるのかを考える、そんな仕事にやりがいを感じています。直接、人とかかわるため、指導や関係がうまくいかないこともよりダイレクトに感じ、落《お》ち込《こ》むこともありますが、そのぶん、支えになれたと感じたときの喜びは格別です。

一人ひとりの子どもの成長に喜びを感じ、力になりたいという、私たちの仲間をお待ちしています。

ミニドキュメント 2　病弱・身体虚弱の学校で働く

執筆者提供（以下同）

入院中の「勉強したい」を支援

愛《あい》知《ち》県《けん》立《りつ》大《おお》府《ぶ》特《とく》別《べつ》支《し》援《えん》学《がっ》校《こう》
長谷川《はせがわ》 健《たけし》さん

病弱・身体虚弱《きょじゃく》の子どものための学校

私が働いている愛知県立大府特別支援学校は、愛知県内唯一《ゆいいつ》の病弱・身体虚弱《きょじゃく》の児童生徒のための特別支援学校です。校内教育、施《し》設内《せつない》教育、訪問教育の三つの教育形態から成り立っています。

校内教育では、小学部・中学部・高等部が設置されています。小学部・中学部は、自宅から公共交通機関や送迎《そうげい》、スクールバスで通学する自宅通学生と、隣接《りんせつ》するあいち小児保健医療《いりょう》総合センターに入院して、そこから通学してくる生徒がいます。

施設内《しせつない》教育は、名古屋《なごや》大学医学部附属《ふぞく》病院、JCHO中京《ちゅうきょう》病院、藤田《ふじた》医科大学病院に入院している児童生徒が、それぞれの病院の施《し》設内《せつない》教育学級、いわゆる院内学級に通っています。

訪問教育は、院内学級が設置されていなかったり、院内学級に通うことが難しい子どもを対象として、教諭が病院に出向いて授業を行っています。

入院している児童生徒

入院している児童生徒の症状《しょうじょう》や経緯《けいい》はさまざまです。たとえば「ふつうに学校に通っていて、検査をしたらそのまま入院してしまった」と、突然《とつぜん》の入院に戸惑《とまど》いつつも、子どもはなんとか気持ちを切《き》り替《か》えてがんばります。しかし、入院が長くなるとだんだんモチベーションが低下することもあります。主治医から、治療《ちりょう》で髪《かみ》が抜《ぬ》けたり具合が悪くなることがあると聞いて、わかっていても、実際に自分の髪《かみ》がバサバサと抜《ぬ》け落《お》ちるのを目《ま》の当たりにしたり、吐《は》き気《け》をもよおしたりする現実に直面して、落《お》ち込《こ》んでしまう子もいます。ましてや、再入院の場合は、つらい治療《ちりょう》や入院生活を経験しているだけに、さらに大きく落胆《らくたん》してしまうこともあります。

学習についても、点滴《てんてき》をしていたり、運動を禁止されていたりと、大きく制限されてしまいます。免疫力《めんえきりょく》が低下するため、教材・教具が持《も》ち込《こ》めなかったり、病室から出られなかったりして、場所に対しても制約を受けます。登校できても体調が悪いときや、登校できないけれど病室で学習が可能な場合もあります。体調にかかわらず、登校したくないときもあります。ほんとうにさまざまです。

入院が長くなることで、制約や制限された状態が続きます。生活空間が限られることから、経験が偏《かたよ》ったり不足したりしやすくなります。子どものなかには、実際よりも上の学年に見られる子がいます。病気を考える時間が長かったり、家族や周囲の大人に気を遣《つか》ったりする影響《えいきょう》かもしれません。反対に、下の学年に見られる子もいます。他者とのかかわりが少ない、病院内での限られた子どもの集団しか経験していない、周囲からの刺激《しげき》が少ないということなどが原因ではないかと考えられます。

入院している児童生徒の学校生活では、まず、これらの経験の不足や偏《かたよ》りを補うことが求められます。学校に通い、少しでも病気のことを忘れ、子ども同士でいっしょに学んだり遊んだりする、子ども本来の生活の場として病院のなかの学校が大きな役割を担っています。

生ものは持ち込めないためニボシで学習

施設内教育学級《しせつない》（院内学級）

特別支援学校の施設内教育《しせつない》（院内教育）の場合、学習内容については、通常の小学校や中学校とほとんど同じです。愛知県の場合は、特別支援学校が病院内にそっくり移転してきた「ミニ特別支援学校」のようなつくりです。小学部は学級担任制、中学部は教科担任制です。専門教科の教員免許状《めんきょじょう》をもった教諭が教えます。知的障害や肢体《したい》不自由障害のある児童生徒には、障害や一人ひとりのニーズに合わせた内容を教えたり、身体の動きに障害のある場合には、肢体《したい》不自由の児童生徒のための教材や教具を工夫したりします。学級の人数は、病院や入退院の生徒数によって大きく変わります。病院によっては、複式学級の場合もあります。ある学年では在籍《ざいせき》ゼロ、その上の学年は7名ということもあります。

児童生徒の実態もさまざまです。治療《ちりょう》や病気で教室に来られないこともあります。離れ《はな》離れ《ばな》になっている生徒たちをつなぐために、インターネットで本校と病院をつなぎ、始業式や終業式、道徳の学習や学年集会などを合同で行います。本校と合同で授業を行うことにより、空間を超《こ》えた大きな教室が出現します。そこでは、意見を発表したり、交流したりする場が生まれます。また、教室と病室を、リモコン操作できるタブレット端末《たんまつ》でつないで、教室に出てこられない生徒といっしょに理科の実験を行ったりすることもあります。

ほかにも、小学校や中学校と同様に、「歌声コンサート」「病棟《びょうとう》まつり」「作品展」「卒業と進級を祝う会」など、さまざまな行事があります。保護者、病棟《びょうとう》関係者、医学部や看護学部の学生さんに参加していただくこともあります。

教諭が出向く訪問教育

訪問教育では、院内学級が設置されていない病院に教諭が出向いて授業を行います。本校では、愛知県内の病院に一定期間継続《けいぞく》して入院している児童生徒を対象に、1978年から実施《じっし》しています。訪問教育は、病気だけでなく、さまざまな障害を原因として入院する児童生徒にも行っています。

小学部・中学部で、通常の課程、知的障害、重度・重複障害の三つの教育課程が設置され、さまざまな実態に応じた教育が可能です。すべての教育課程で、週3日、1回あたり120分で全教科及《およ》び領域を学習しています。しかし、授業時間数は小学校や中学校と比べる

	月曜日	火曜日	水曜日	木曜日	金曜日
午前	A先生 国語 英語		B先生 数学 理科		
午後					C先生 社会 実技

訪問教育での時間割りの例（中学部での通常の教育課程）

とかなり少ないです。

授業を行う場が病院であることから、児童生徒の体調や治療《ちりょう》を考えると授業時数を増加することは難しいです。このような現状を踏《ふ》まえて、学力、学習意欲、病状、治療《ちりょう》計画などの実態に即した指導内容の工夫や精選を行う必要があります。タブレット端末《たんまつ》などのＩＣＴ（情報通信技術）を活用した調べ学習、理科実験、調理実習、ギター演奏など、担当教諭が工夫を凝《こ》らした授業を行っています。

病院再編の影響《えいきょう》を受けて

２０１３年2月、小児がん患者《かんじゃ》と家族が安心して適切な医療《いりょう》や支援を受けられる環境《かんきょう》を整備することをめざし、名古屋大学医学部附《ふ》属《ぞく》病院が「小児がん拠点《きょてん》病院」の指定を受けました。それに続き、２０１８年7月、県内9病院が連携《れんけい》病院に指定されました。また、愛知県では、２０１１年11月に策定された「愛知県地域医療《いりょう》再生計画」により病院機能の再編が取り上げられました。児童生徒が入院する病院や学びにも少なからず影響《えいきょう》がありました。

特に、がん拠点《きょてん》病院、連携《れんけい》病院や、精神科や心療科《しんりょうか》へ入院する児童生徒に変化が生じました。施設内《しせつない》教育、訪問教育は、それらに関係する病院からの教育の依頼《いらい》が増えました。教育の保証の観点からも、日々刻々と変化する医療《いりょう》・病院に対応できるよう、病弱の特別支援教育も変わってきています。

病気の背景

精神科や心療科《しんりょうか》だけではありません。ほかの病気で入院した児童生徒が、いじめにあつ

訪問教育担当グループで生徒の面接練習について打ち合わせ

ていたり、不登校やひきこもりの状態であったりなど、病気の背景に、学校生活を送るうえでの問題点をすでにかかえていることも少なくありません。不登校でひきこもっていた子が、院内学級への入級が決まり、ほっとして涙《なみだ》を流すこともあります。入院が、その子にとっては現状を変える糸口に感じられたのかもしれません。

病院での学習が始まるのを機に、児童生徒がどのように生活してきたか、家族や学校、友だちとどのようなかかわりを築いてきたか、また築くためにどのような困難があったかなど、入院する前の時点からの状況《じょうきょう》を把握《はあく》する必要があります。

そのために、他機関、他職種とのつながりが重要になってきます。医師、看護師、医療《いりょう》ソーシャルワーカー、チャイルドライフスペシャリスト、保育士、ナースステーションの受付事務職員、担任、進路指導主事、管理職、前籍校《ぜんせきこう》（生徒が入院する前に通っていた学校）の担任、学年主任、養護教諭、児童相談センターの職員や保護施設《しせつ》の職員など、さまざまな職種の方が、生徒を取り巻いています。

また、児童生徒への支援内容について相談する場として、入退院カンファレンス（入退院に関する会議）、ケア会議、病棟《びょうとう》カンファレンス、進路カンファレンスなどさまざまな観点から会議が設けられ、関係する専門職の方々が参加します。専門職の方は児童生徒と、それぞれの職種ならではのかかわりがあります。医療《いりょう》・看護・療育《りょういく》・心理・福祉《ふくし》・教育分野がおたがいにかかわり協同・共有することで、より深く適切な支援が可能になります。たとえば、「寄《よ》り添《そ》う」という言葉ひとつとっても、何が児童生徒にとって寄《よ》り添《そ》うことになるかは、職種ごとに少しずつ違《ちが》います。医療《いりょう》に従事する方々が教育のことを理解し、児童生徒の前籍校《ぜんせきこう》の行事への参加や、高等学校を受験できるように配慮《はいりょ》や助言をしてくださったり、治療《ちりょう》方針を考えてくださることもあります。

心療科《しんりょうか》での授業についても、前述の通り訪問教育では3人の教諭でグループをつくり、1人の授業を担当します。授業は個別指導なので、教諭それぞれの授業は独立しています。しかし、教諭によって対応が違《ちが》うと、児童生徒が混乱することがあります。授業の流れや、授業時間、課題などについて、児童生徒が不安に感じることがないように共有することを心がけています。生徒がどのようなことを話したか、興味がありそうな話題は何か、授業はどのくらい理解できているかなど、細かな情報交換《こうかん》を行っています。

生涯にわたる学びを

入院や病気の治療《ちりょう》という、人生の大事をいっしょに過ごしたことは、私たち教諭にとってもかけがえのない時間です。子どもは、私たち教諭にいろいろな側面を見せてくれます。つらい治療《ちりょう》を受けながら健気《けなげ》にがんばる子どもに、私は敬意を表します。彼ら彼女らが困難に直面したときは、その状況《じょうきょう》や気持ちに寄《よ》り添《そ》い、いっしょに過ごします。しかし、彼らは、心が揺《ゆ》れ動《うご》きやすい思春期の小・中学生です。指導が必要な場合には、ふつうの小学生、中学生と同じように、褒《ほ》めたり、叱《しか》ったり、教諭として、一人の人間としててていねいに指導を行います。

これからも、病弱教育での数々の制約を乗《の》り越《こ》え、質の高い学びを実現できればと思っています。児童生徒一人ひとりが学習内容を深く理解し、資質・能力はもちろん、退院後も生涯《しょうがい》にわたって能動的に学べる力が身につくように支援していきたいです。

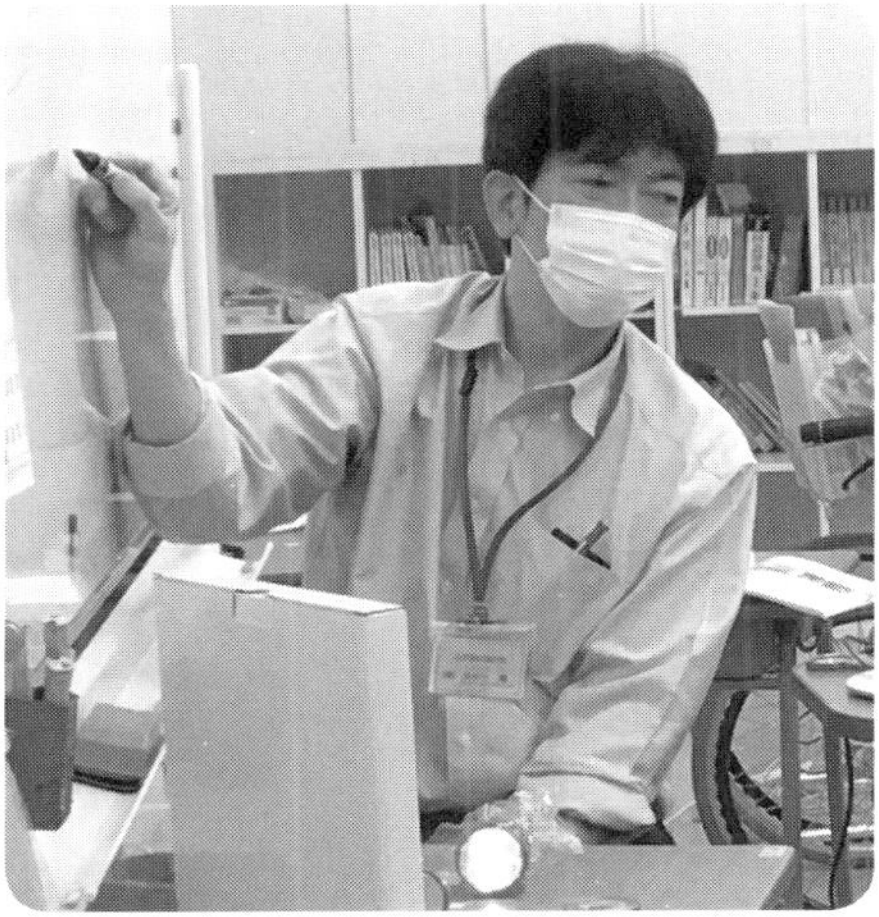

生涯にわたる学びを支援

ミニドキュメント 3 特別支援教育コーディネーターとして働く

教室で困っている子を支える 校内・地域支援の要

東《とう》京《きょう》都《と》府《ふ》中《ちゅう》市《し》立《りつ》府《ふ》中《ちゅう》第《だい》三《さん》中《ちゅう》学《がっ》校《こう》
平《ひら》野《の》恵《え》里《り》さん

執筆者提供（以下同）

特別支援教育コーディネーターとは

特別支援教育コーディネーターの仕事は、大きく分けて二つあります。

一つ目は、発達に心配のある乳幼児から高校生までの児童生徒の相談に応じる「地域支援」。二つ目は、特別支援学校の児童生徒たちの交流活動などを推進する、「校内支援」です。

地域支援の仕事

地域支援の仕事をいくつかご紹介《しょうかい》しましょう。まず、研修会講師です。話すことの多いテーマはつぎの通りです。

「クラスで気になる生徒の理解と支援」
「授業のユニバーサルデザイン」

「ＷＩＳＣⅣ（児童生徒に対する支援の手がかりを得ることを目的に実施《じっし》する知能検査）の理解と読み取り」

「自立を見通して今できること」など。

市内の小・中学校の研修会などに招かれて講演をします。

そして巡回《じゅんかい》相談。地域の幼稚園《ようちえん》・保育園、学童保育クラブ、小学校・中学校の通常の学級や特別支援学級、高校を訪問し、授業観察後に担任や管理職へ、見立てと支援の手立てをフィードバックします。たとえば、子どもが落ち着かない場合、その背景にはいくつかの理由が考えられます。「いつ終わるか見通しがもてない」「授業の内容がわからない」「集中が続かない」「注目を浴びたい」などです。理由は一つではないこともあります。背景にある理由によって支援方法は変わってきます。まずは背景にある理由を見立ててから、手立てを先生方といっしょに考えていきます。

また、地域支援セミナーの運営も不可欠な仕事です。市の教育委員会と連携《れんけい》し、年間３回開催《かいさい》しています。毎年、大学の先生や医師をお招きし、特別支援の最新情報を聞くことができます。地域の先生方、保護者、関係機関の方々など、多いときには２００人近くの参加者が集い、特別支援教育に対する関心の高さがうかがわれました。

校内支援の仕事

校内支援では、交流活動の推進にたずさわります。交流には大きく分けて、「学校間交流」と「副籍《ふくせき》交流」があります。学校間交流は、地域の小学生が特別支援学校を訪れ、パラリンピック競技にもなっているボッチャな

副籍交流のようす。クラスの友だちといっしょに特別支援学校を訪問します

どで一日交流をします。一方、副籍《ふくせき》交流は、希望する児童生徒が、自分の地域指定校を訪問し、クラスの友だちといっしょに授業を受けたり、お便り交換《こうかん》をしたりしています。

交流活動をする前には、交流先の児童・生徒に対して、出前授業を行います。こうした特別支援教育への理解を働きかけることも、コーディネーターの大切な役割です。

児童生徒全員分の学校生活支援シートを作成し、夏休みに支援会議を行います。生徒、保護者、担任、管理職らが参加し、児童生徒一人ひとりの相談を聞き取ります。

センター的機能を担う

特別支援教育コーディネーターという名前は、今ではかなり浸透《しんとう》しています。しかし、私がコーディネーターになった当初は、特別支援教育コーディネーターとはいったい何をすればいいのか、よくわかりませんでした。

地域のセンター的機能を担うということだったので、外に出ていかなければいけない仕事であるということだけはわかりました。でも、ただ待っているだけではどこからも声はかかりません。自分から積極的に発信していかなければならないということに気がつきました。しかし、発信するからには特別支援教育に関する深い知識が必要だと思い、相当なプレッシャーがありました。

それでもまずは、チラシをたくさん作り、市内全校に配布したり、コーディネーター研修会で宣伝させてもらったりしました。

また、ちょうどそのころ、地域の小・中学校で副籍《ふくせき》交流が始まったところだったので、特別支援学校の子どもと保護者を連れて、地域の学校にあいさつに行くところから始めました。交流を始める前には必ず、理解啓発《けいはつ》のための出前授業を行わせてもらうようにしたところ、地域の先生方とも徐々《じょじょ》に顔見知りになりました。そこで、出前授業のほかにも、巡回《じゅんかい》相談や教員研修などもすることができると、積極的にアピールをしていきました。少しずつ依頼《いらい》が増えて、3年目になるとスケジュールは毎日びっしり埋《う》まるようになりました。

ところで、専門家がいる教育センターの機能と、特別支援学校のセンター的機能との違《ちが》いは何でしょう？　医師や臨床《りんしょう》心理士と違《ちが》って私たちは教育職です。つまり、診断《しんだん》をすることはできません。でも、専門用語を教育現場の言葉に通訳し、教室でできる支援法を具体的に提示することができます。それが私たち教諭の強みでもあります。

クラスで気になる生徒への助言

始めは先生たちへの助言も、うまくいきませんでした。何しろ、特別支援学校と小中学校では、生徒のようすも支援法もまったく異なるからです。特別支援学校の教諭は、どうしても個別支援の視点で考えがちですが、通常の学級担任は、集団のなかで個を見るわけですから、そこでできる支援でなければ何の参考にもなりません。つまり、通常の学級のことをよく知らなければ適切な助言はできないのです。

私はいつも、支援方法を三段階に分けて助言するようにしています。

「授業のユニバーサルデザイン化の視点」「合理的配慮《はいりょ》の視点」「特別の場につなぐ視点」の3段階です。

授業のユニバーサルデザイン化は、クラスの多くの生徒にとってわかりやすい支援です。それでもこぼれ落ちてしまう生徒には、合理的配慮《はいりょ》を検討する必要があるかもしれません。ここまでが通常の学級でできる支援です。

ここまでやってもこぼれ落ちてしまう生徒に対しては、やはり特別支援教室や特別支援学級など、特別な場での指導につなげる必要があると思います。教室でできる支援には限界があります。どこで線を引くかを学校は見極めなくてはなりません。

困った子は「困っている子」です。背景にある理由を見極め、支援方法を提案できることの仕事には、とてもやりがいを感じます。

専門性を高めるために

私は専門性を身につけたくて、公認心理師、

校内支援会議。保護者、管理職、学級担任と生徒の個性について話し合います

特別支援教育士、臨床《りんしょう》発達心理士、学校心理士、教育カウンセラーなどの資格を取りました。また、書店に通い、専門書を片《かた》っ端《ぱし》から読み、休日返上で研修会にも参加しました。さらには40歳《さい》を過ぎてから大学院に入学し、仕事と家事、そして学業を両立させてきました。このように学び続けることができたのは、特別支援教育コーディネーターという仕事に巡《めぐ》り合《あ》えたからだと思います。今では、趣味《しゅみ》も特別支援教育です。仕事と趣味が同じというのは、ほんとうに幸せなことだと思います。

コーディネーターになってよかったこと

　特別支援教育コーディネーターという仕事は、幼稚園《ようちえん》・保育園から高校まで縦に長く、一人の子どもの変化を追うことができます。さらに、小学校、学童保育、放課後デイサービスなど横にも広く見ることができます。同じ子どもなのに、場所によってようすが違《ちが》ったり、年を重ねることで見違《みちが》えるほど成長したりします。めったにできない貴重な体験ができます。

新たなステージに挑戦《ちょうせん》

地域支援を行ううちに、教室で困っている生徒の支援を、自分でもしてみたいと思うようになりました。助言するだけではなく、実際に指導をしてみて、その結果を検証してみなければ、説得力がないとも思いました。こうして私は、20年以上在籍《ざいせき》した特別支援学校を離《はな》れ、今は中学校の特別支援教室の担任をしています。そして、特別支援教育コーディネーターを続けています。

特別支援教室とは、発達障害のある児童生徒が、自分に合った学び方を見つけるために、週1、2時間通う教室です。東京都の中学校では2019年度より、これまでの生徒が通ってくる通級指導学級から、先生が各校に巡《じゅん》回《かい》する特別支援教室へと徐々《じょじょ》に移行しています。

中学校に異動してみて感じるのは、先生がとても忙《いそが》しいということです。そのなかで、特別支援教育を推進していくには、粘《ねば》り強《づよ》さとコミュニケーション力が必要です。これからも、私は特別支援教育コーディネーターとして、教室で困っている生徒を支えていけるよう、力を尽《つ》くしていきたいと思います。

ミニドキュメント 4 小学校の特別支援学級で働く

主幹教諭として通常学級と特別支援学級をつなぐ

執筆者提供（以下同）

東《とう》京《きょう》都《と》葛《かつ》飾《しか》区《く》立《りつ》梅《うめ》田《だ》小《しょう》学《がっ》校《こう》
古《ふる》市《いち》祐《ゆう》介《すけ》さん

特別支援学級って何だろう？

小学校には、「通常の学級」「複式学級」「特別支援学級」があります。特別支援学級とは、「教育上特別な支援を必要とする児童」のために設置されている学級です。

私が担任をしている特別支援学級は知的障害のある児童のクラスで、子どもは知的障害や発達障害、学習上、生活上に何らかの困難をかかえています。特別支援学級の担任は、児童の障害の状態や発達段階、特性などを的確に把握《はあく》し、きめ細かな指導を行っています。

特別支援学級での主任教諭の役割

学級は、児童39名、担任6名、指導補助員4名、音楽講師1名、体育講師1名という構成で、特別支援学級のなかでは比較的《ひかくてき》大所帯です。この学級で私は主任教諭を担当しています。役割として、「人と人をつなげる」「教員の関係を円滑《えんかつ》にする」「人に助言をする」の三つを大切にしています。そして、何よりもたくさんの先生方の手助けがあったからこそ、役割が達成できていることは言うまでもありません。

「人と人をつなげる」

特別支援学級にはたくさんの人たちがかかわります。小学校の児童、担任、保護者、小学校の教諭、中学校の教諭、さらには地域の人たち、デイサービス・ヘルパー、学童施設《しせつ》、医療《いりょう》・福祉施設《ふくししせつ》、教育委員会など。私の役割は、そうした特別支援学級の児童一人ひとりに精一杯《せいいっぱい》たずさわってくれる人たちを「つなげる」ことだと考えています。

たとえば、特別支援学級と通常学級の児童との交流学習の場面でのこと。学習を始める前に、通常学級の担任と参加の仕方について相談をしたり、特別支援学級の担任として私自身は通常学級の児童のために何ができるかなどを話し合ったりします。進んで参加を希望する児童や、反対に交流学習を望まない児童もいます。そんなときは児童や保護者に事前に学習内容を説明して見通しをもってもらえるよう働きかけたり、学習の参加方法について相談したりします。

特別支援学級の児童と通常学級の児童、双《そう》方《ほう》にとって良い学びにするためには、日頃《ひごろ》から人とのつながりを大切にしなければなりません。そのためには、まず何よりも、教諭の関係を円滑《えんかつ》にしなければなりません。

「自分クイズ」で生徒といっしょに考えます

「教員の関係を円滑《えんかつ》にする」

私の学級には6名の担任がいます。それぞれ学年ごとに児童を担当します。1～3年の生活グループに担任2名、4～6年の生活グループに担任4名がつきます。また、学習グループは学年をまたぐように編成しているため、児童はたくさんの教諭と接します。そのため、担任間の話し合いはふだんから非常に大切にしています。

教諭間のトラブルや指導方針の違《ちが》いは絶対に起こり得ます。ときには、主任教諭として教諭間の話し合いに参加をして、教諭同士の意見や考えを整理して、おたがいが合意できるようにまとめることもあります。

「人と人をつなげる」は、特別支援学級の担任と通常学級の担任とのつながりという点でも同じことがいえます。同じ小学校で働く教諭としておたがいの指導内容を共有しあい、特別支援教育の視点を通常学級の指導に取り入れることも、今後は大切となっていくでしょう。そのためには、何ごとにも手本となるような行動が不可欠と思っています。

特別支援教育への理解をさらに深めてもらい、また、同じ職場で働く仲間という意識も広げていきたいと考えています。

「人に助言をする」

授業では、児童に「助言」をすることがよくあります。学習指導要領が改訂《かいてい》され、そこには児童の主体的な学びの重要性が謳《うた》われています。児童がみずから学びをするためには、児童の実態に合わせた課題を設定できているか、児童が学びの意義を理解して、学習の目標をみずから設定できているか、そして、教諭は適切な助言ができているかが重要になります。

特別支援学級の児童も主体的な学びを目標に学習を進めていきます。特別支援学級の授業では、児童の実態に合わせて学習の形態も変えていきます。

たとえば、自分の考えをまとめる個別学習、考えを交流するペア学習、言葉を使って表現するグループ学習などがあげられます。特別支援学級の児童は、その特徴《とくちょう》により、個別学習に偏《かたよ》ってしまう傾向《けいこう》があります。児童がおたがいに考えを交流し合ったり、言葉を使って表現したりすることに課題があるからです。ですが子どもは、交流しあうことがきらいなわけではありません。話し合ったり発表しあったりすることで、おたがいのことを認めあいます。

ときには、うまくできないことでトラブルが起きてしまい、そのため人と接することを避《さ》けてしまうことがあります。ここで求められるのが、教諭の適切な助言です。児童が困難に感じているものは何なのかを把握《はあく》したうえで、適切なタイミングでヒントやコツを児童に伝えることが重要です。教諭が出しゃばりすぎず、ほんとうに必要な手助けを少しだけする。

これは教諭同士のやりとりでも同じことがいえると思います。若手、中堅《ちゅうけん》、ベテランとおよその経験年数で教諭を区切る傾向《けいこう》がありますが、いっしょに同じ職場で働く仲間として、先輩《せんぱい》であろうと後輩《こうはい》であろうと適切な助言は誰《だれ》しもに貴重なものです。私は、教諭同士でも、適切な助言は伝えようと考えていま

職員室で同僚と相談

す。

ほんとうに楽しい、特別支援学級

私は、今、ほんとうに恵《めぐ》まれた環境《かんきょう》で働くことができています。個性豊かなたくさんの子ども、子どものことをいっしょに考えてくれる先生、特別支援学級と通常学級のつながりをつくってくれる先生。大変なことはもちろんありますし、悩《なや》んだり悔《くや》しい気持ちになったりと目まぐるしい日々です。ですが、そんな日々を過ごせることが幸せでなりません。

教諭という仕事は、一人ではできません。たくさんの人とのつながりによって成り立っています。主任教諭という立場にはなりましたが、根本の思いは初任のときと変わりません。子どもやいっしょに働く先生、そして人びとの役に立てるような仕事をしていきたいと思っています。今、この本を手に取っているみなさん。みなさんといっしょの学校で働けることを楽しみにしています。

ミニドキュメント 5 中学校の特別支援学級で働く

執筆者提供（以下同）

生徒一人ひとりの輝く個性を見つめて

北海道《ほっかいどう》札幌《さっぽろ》市立《しりつ》米里《よねさと》中学校《ちゅうがっこう》特別支援学級《とくべつしえんがっきゅう》
明《みよ》杖《つえ》 咲《さき》さん

始まりはＬＤの子どもとの出会い

大学進学を考える高校3年生の時期、「この仕事に就きたい」と強く思う職業は決まっていませんでした。でも、教育関係や人間の発達などに興味があり、学部はそうした分野を選択《せんたく》しました。そして、大学生になり、塾《じゅく》でのアルバイトを始めました。そこで、ＬＤ（学習障害）の生徒と出会い、学校の授業についていけないつらい悩《なや》みがあるという、本人の悲しい気持ちを知りました。

勉強をがんばりたいと思うのに、一生懸命《いっしょうけんめい》取り組んでも覚えられないこと、できないことが多くてよく叱《しか》られてしまうこと……そんな障害のある子どもの心の叫《さけ》びを聞いた私は、彼らの力になりたい、彼らの可能性を伸《の》ばしたい、と強く思い、特別支援教育の道に進むことを決めました。

特別支援学級のようす

私が勤務しているのは中学校の特別支援学級です（本校では7組と呼びます）。通常学級との大きな違《ちが》いは、学級のなかに1年生から3年生という3学年の生徒が在籍《ざいせき》していることです。また、特別支援学級には、知的障害学級、自閉症《じへいしょう》・情緒《じょうちょ》学級があります。二つの学級があるなかで、ひとつの学級として成り立っているため、実態はほんとうにさまざまです。学級のなかには、平仮名の文章であれば読める生徒もいれば、中学校で習う漢字が含《ふく》まれている文章を読める生徒もいます。教諭の人数も限られているので、可能な範囲《はんい》内《ない》で、教科によって実態に合わせたグループ別の学習を行っています。

授業をするときには、生徒が理解しやすいように工夫をしています。たとえば、ADHD（注意欠陥《けっかん》多動性障害）の生徒は、注意力が散漫《さんまん》になってしまうため、教諭は自分のほうに注目してもらえるように話し方を工夫します。ゆっくりはっきり話したり、こちらに注目しているかを確認したりしながら話します。ようすを確認しないまま授業を進めてしまうと、生徒が教諭の話に集中できず、ほかのことを考えてしまうといった状況《じょうきょう》が起こります。その結果、なかには指示と違《ちが》うことをしてしまう生徒もいて、その子が注意されるというマイナスな状況《じょうきょう》が生まれてしまいます。

また、生徒にとって、視覚的教材は効果的です。配られたプリントをもとに、個々で指示されるところを見るというのは意外と大変

学校祭の準備。学級みんなで協力して作り上げ、装飾発表をします

なことです。7組では、大きな画面をみんなで共有する、文章ではなくイラストを使った視覚的教材を使用するなどして、理解しやすくしています。

さらに、授業のなかで、支援が必要な生徒には、数名の教諭で指導するという対応をする、必要に応じてヒントが書かれているプリントを渡《わた》すなどして個々の実態に合わせた工夫もしています。

生徒の成長のためにもっとも大事なことは、褒《ほ》めて伸《の》ばすことだと考えています。生徒の多くは、これまでの成長過程のなかで成功体験が少なく、自己肯定感《こうていかん》が低いように感じるからです。小さなことでも褒《ほ》める場面を授業のなかに増やしていくことで、自信をつけ、「これでいいんだ!」という自己肯定感《こうていかん》を高めることができます。そんな自信が積み上げられるしかけや言葉かけを教諭として大事にしています。

他校との交流

中学校では、小学校区の児童が進級してくるケースが多いため、小学校との交流を行っています。

一つ目は、小学校6年生が中学校に来て行う授業の見学や体験です。中学校という新しい場所は、小学生にとって不安もあると思います。そんな不安感をなくすためにも、1年後に進級する場所を実際に見て、見通しをもつことは大切です。温かい雰囲気《ふんいき》を先輩《せんぱい》がつくってあげることで、安心して6年生も過ごしているように感じます。そんな優しい先輩《せんぱい》の雰囲気《ふんいき》は、あたりまえのように後輩《こうはい》に受《う》け継《つ》がれていて、すてきな7組の伝統となって

小中交流会の中学生発表。説明者、パソコン操作、指示棒の役割に分かれて発表！

います。緊張《きんちょう》気味で見学に来た6年生は、最後に「楽しかったです！」という感想を残していってくれます。

二つ目に、小中交流会というものがあります。区のなかで近隣《きんりん》の小中学校の数校が年に1回集まり、交流をします。中学生が中学校のようすなどをスライドを使って発表したり、小学生と中学生合同で簡単なゲームをしたりします。中学生にとっては、懐《なつか》しい小学校のころの先生や後輩《こうはい》たちに会える、とてもうれしい時間となっています。また、発表をがんばる姿を小学校の先生方に見てもらって、自分の成長を伝える貴重な機会ともなっています。

中学校での進路選択《せんたく》

中学校の特別支援学級では、進路の指導がとても重要です。生徒の進路先には、特別支援学校、高等学校などいろいろな選択肢《せんたくし》があります。特別支援学校に入学するためには、知的障害学級に在籍《ざいせき》していること、療育《りょういく》手帳を取得していること、医師の診断《しんだん》があること、いずれかの条件が必要となります。大人への架《か》け橋《はし》となる高校3年間をどのような環境《かんきょう》で過ごすのかはとても重要です。グレーゾーンと呼ばれる発達障害の生徒が増えてきているため、これまでに出会った生徒のなかには〝ふつう〟を求める生徒もいました。この先、〝障害者〟として生きていくのかどうかという点が、本人にとっては大きいのです。そんな悩《なや》みにぶつかるこの中学生という時期の進路選択《せんたく》は、将来を左右するものであると強く感じました。

もちろん、進路を決定するのは本人であり、保護者です。そんななかで、私が大切にしたいのは、本人、保護者が困っていること、悩《なや》んでいること、不安なことに寄《よ》り添《そ》い、いっしょに考えていくことです。そんな大きな節目に自分がかかわっていることに、中学校ならではの魅力《みりょく》を感じます。いっしょに悩《なや》んで、いっしょに考えて中学校を巣立っていく生徒は、その後のようすも気になります。ときには卒業生が会いに来てくれたり、連絡《れんらく》をくれたりすることもあり、そんなときにはとても幸せな気持ちでいっぱいになります。

中学校特別支援学級教員の魅力《みりょく》

私は教職に就いてまだ6年目ですが、この職業を選んでよかったと心から思っています。それは、自分のかかわり方しだいで子どもの可能性を伸《の》ばすことができる、とてもやりが

おもちゃのお金で、金種の確認やお金の計算をするグループ学習

いのある仕事だからです。生徒の成長を感じるたびにとてもうれしい気持ちになります。

子どもが何かに困っているとき、できないと感じているとき、何か問題を起こしたとき、そんなときには怒《おこ》るのではなく、「どうして困っているのだろう?」「どうしたらできるようになるのだろう?」「どうしてこのような言動をしたのだろう?」と理由を考えます。そこから課題解決に向けての支援方法を考え、実践《じっせん》します。教諭の工夫や手立てしだいで子どもは成長し、可能性を伸《の》ばすことができます。そんな小さな積み重ねを続け、できるようになったとき、成長したときの感動はとても大きなものです。

中学校3年間という時期の成長はとても著しく、卒業のときにはいろいろな思いがこみ上げてきます。生徒と教諭の出会いは、一期一会です。だからこそ、出会った子どもと全力で向き合い、自分に何ができるかということを考え、精一杯《せいいっぱい》寄《よ》り添《そ》います。

障害は、個性の一つであると私は考えています。そんな個性を輝《かがや》かせてあげたい、そんな特別支援学級の教諭でありたいと思っています。

教諭という職業は、大好きな子どもと毎日過ごすことができ、そんな子どもの成長にかかわることができる、私にとって最高の仕事です。

ミニドキュメント 6 聴覚障害の学校の幼稚部で働く

ありのままの姿を認めながら言葉の環境を整える

東京都立立川《とうきょうとりつたちかわ》ろう学校幼稚部《ようちぶ》
下村幸枝《しもむらゆきえ》さん

執筆者提供（以下同）

聴覚《ちょうかく》障害の学校の幼稚部《ようちぶ》の一日

朝9時20分、幼児が元気に登校してきます。「おはようございます」のあいさつを、手話ですする子、声でする子、モジモジして黙《だま》って通り過ぎていく子……さまざまです。

一般的《いっぱんてき》な幼稚園《ようちえん》であれば、この場面で教諭がどんな支援をするかといえば、黙《だま》って通り過ぎた子どもに「あいさつをしてくれたら気持ちがいいなぁ」などと言ってはげますことでしょう。しかし、本校ではそれだけではありません。新入幼児には身振《みぶ》り・手話や声であいさつするように、それができたら指文字で「おはようございます」ができるように、さらに声と指文字の両方を使って言えるように、と段階を追って指導していきます。指導といっても、厳しく叱《しか》られたら幼児の心がくじけてしまいます。がんばったことを褒《ほ》めながら、幼児がみずから「もっと言葉を知りたい、覚えたい」と思うように環境《かんきょう》を整えます。環境《かんきょう》を整えるとひと口に言ってもさまざまです。学校内には、幼稚部《ようちぶ》の段階から教室に文字カードやカレンダー、季節のトピックスがたくさん掲示《けいじ》されています。耳に情報が入りにくいぶん、視覚を使って言葉や数、マナーなどを覚えられるように工夫しているのです。1クラスの人数も6人までと少人数です。1列のアーチ状に並《なら》んで座り、たがいの手話を見ながら活動するには6人が限界なのです。

9時40分、朝の会が始まりました。朝のあいさつを声や手話、指文字ではっきりと言います。学校では手話を使いますが、手だけではなく口も動かし、声も出します。歌を歌うときには、歌詞やそのイメージイラストを1枚に表したもの（絵譜《えふ》）をいっしょに提示します。カレンダーは月のものと日めくりの両方を用意し、「昨日」「今日」「先週」などの概念《がいねん》が身につくよう配慮《はいりょ》しています。また、カレンダーには予定イラストを貼《は》ることで、見通しをもって生活できるようにすることも欠かせません。文字、イラスト、画像などを駆使《くし》して情報を整えることがとても大切なのです。

10時、庭に出て自由遊びの時間です。遊具の使い方のルールをイラストカードにして掲《けい》示《じ》しています。子どもたちに大人気の鬼《おに》ごっこでは、鬼《おに》はオレンジ色の腕章《わんしょう》をつけます。「どろけい」をするときは泥棒役《どろぼうやく》は赤、警官役は白の帽子《ぼうし》をかぶります。このように遊びのルールも「見える化」しています。片付け

日めくりカレンダー、月のカレンダーの両方を掲示

の時間になったら、3年生がリズム太鼓《たいこ》という楽器を叩《たた》き「終わりだよ」「片付けよう」と呼びかけます。リズム太鼓《たいこ》を使うのは音声よりも響《ひび》きやすく、「太鼓《たいこ》の音なら聞こえる」という幼児も多いからです。きれいに片付けたら、体操の時間が始まります。お手本の先生のまわりにみんな集まり、CDで音楽を流しながら月ごとにさまざまな体操やダンスをします。音が少し聞こえる子も、聞こえない子も、体を動かすことは大好きです。

11時、自由遊びの後は設定遊びです。決まったテーマで話し合い活動をしたり、工作をしたり、体幹やリズム感などを養う運動遊び、さらに文化祭が近いときは劇の練習など、一《いっ》般的《ぱんてき》な幼稚園《ようちえん》でも行っていることばかりです。しかし、ここでも視覚情報を整え、事前に準備をすることが欠かせません。ときにはパワーポイントのスライドを大型ディスプレーに表示して説明をしながら活動を進めます。

また、活動中に一人ずつ、担当の先生といっしょに防音設備のある聴力《ちょうりょく》検査室へ向かい、聴力《ちょうりょく》を測ります。これも学校の大切な役割です。幼児期は体調の変化などに付随《ふずい》して聴力《ちょうりょく》が変動する場合があり、聴力《ちょうりょく》低下を見逃《みのが》すことがないよう定期的にチェックします。始めは怖《こわ》くて母親といっしょに検査室へ行きますが、少しずつ自信がつき幼稚部《ようちぶ》3年生になるとみんな一人でできるようになります。

そして言葉遊びや聞き取り練習、発音遊びをすることもあります。学校での共通のコミュニケーションは手話ですが、声を出すことやその子の聴力《ちょうりょく》に応じて音を聞き取ることも同じように大切にします。

12時、たっぷり遊び、学んだあとは給食です。手話や声でおしゃべりをしながら楽しく食べています。好《す》き嫌《きら》いや偏食《へんしょく》の幼児もいますが、ほんの少しでも食べたらいっしょに喜び、「大きくなろうね」とはげますことで、徐々《じょじょ》に食べられるようになっていきます。

13

聴力検査室。検査中は電車のおもちゃが動き、ランプも点灯

時にはほとんどの幼児が食べ終えて、帰りの支度をし、食後遊びに出ます。

遊んでいると、ゆうくん（仮名）が「ママに会いたい」と泣き出しました。母親はまだお迎《むか》えに来ていません。どう対応したらよいでしょう？　こんなとき、幼稚部《ようちぶ》1年生と3年生ではサポートの仕方も異なる場合があります。ゆうくんがまだ小さい1年生であれば、抱《だ》っこをしてお気に入りの遊具に連れていくと泣き止んで遊び始めるかもしれません。ゆうくんが3年生であれば、経験上、母親がもうすぐ来ることがほんとうはわかっているでしょうから、落ち着くまで静かに見守ったほうがいいかもしれません。また別のケースでは、ほんとうは「体調が悪い」と言いたいのかもしれないので、顔色や体温をチェックすることもあります。突発的《とっぱつてき》なアクシデントに対しては一人ひとりの性格や体質などを見極めた支援が欠かせません。

13時20分、帰りの会です。絵本の読み聞かせをしたり、今日楽しかったことを発表したり、明日の予定を知らせたりして、13時45分にさようならをします。元気に一日を終えて幼児を見送るときはいつもホッとします。

このように、幼児が学校で過ごすのは一般《いっぱん》的《てき》な幼稚園《ようちえん》と同様に5時間くらいです。そのなかで、学校では「たっぷり子どもらしく遊ぶ」と「言葉を少しずつ学ぶ」の両方の活動が行われています。

聴覚《ちょうかく》障害はその子の一部分

ここで「聞こえない」というのがどういうことか、試しにテレビの音量をゼロにして、番組を鑑賞《かんしょう》してみてください。今はテロップがたくさん流れるのでとても便利ですが、それでもニュース番組などはタイトル以外は音声ですから、詳細《しょうさい》の説明がまったくわかりません。「補聴器《ほちょうき》をつければ聞こえるでしょう」と思うかもしれませんが違《ちが》います。現在の技術では、補聴器《ほちょうき》をつけても「完全に健聴者《けんちょうしゃ》と同様の聴力《ちょうりょく》になる」ことは難しいのです。健聴者《けんちょうしゃ》が日本語を話せるのは、意識していなくても会話やテレビ、駅の放送といったさまざまな媒体《ばいたい》から無意識のうちに言葉が耳に入ってくるからです。聴覚《ちょうかく》に障害があるということは、日本人が英語を学ぶのと同じように、意識して日本語を学ぶ必要があるということなのです。そういったわけで、補聴器《ほちょうき》が普及《ふきゅう》した今も、学校の存在は欠かせません。

最後に、はじめて本校の参観にいらっしゃる方々からもっとも多く寄せられる感想を紹《しょう》介《かい》します。それは、「耳が聞こえないというだけで、それ以外は何も変わらない、元気いっぱいのお子さんなのですね！」。

聴覚《ちょうかく》障害があるということは、その子の一部を表しているにすぎません。確かに情報を補い細かなサポートをする必要がありますが、聴覚《ちょうかく》障害という一部分だけにフォーカスしすぎることなく、子どもの全体像を常に見つめることも大切です。ですから「手話ができる」とか「発音指導ができる」といった指導スキルもみがくことも重要ですが、同時に一人の保育者として幼児のありのままの姿を認め、勇気づける姿勢をもつように気をつけています。

幼稚部《ようちぶ》の生活は一日として同じ日はなく、どんどん成長し心が豊かになっていくようすに日々感動をもらっています。

ミニドキュメント 7 小学校の通級指導教室で働く

特別支援教室での学びが学級での子どもの輝きにつながる

東《とう》京《きょう》都《と》杉《すぎ》並《なみ》区《く》立《りつ》杉《すぎ》並《なみ》第《だい》七《なな》小《しょう》学《がっ》校《こう》
津《つ》田《だ》裕《ゆう》貴《き》さん

執筆者提供（以下同）

特別支援教室とは

「特別支援教室とはどんなところですか」という質問をよくされます。特別支援教室とは、知的な遅《おく》れのない発達障害のある子どもたちのサポートを目的とし、子どもの状態に応じ、一人ひとりがかかえる困りごとに対応する教室です。私が勤務する東京都では、２０１６年からすべての学校に設置されました。東京都以外の都道府県では、通級指導教室として設置されています。

通室している子どもは、ふだんは通常学級で学び、週に一日2時間程度（子どもや自治体によって違《ちが》いがあります）、特別支援教室で学びます。特別支援教室での指導形態は2種類あります。一つは、「個別学習」という一人ひとりの特性や課題に応じて苦手なところを改善したり、得意な力をさらに伸《の》ばしたりしていく指導形態です。もう一つは、「グループ学習」という3人から5人程度のグループで、体を動かしたりゲームをしたりするなかで、コミュニケーション力やルールを理解する力を育てていく指導形態です。

どのような子どもが通っているかというと、「気持ちの切《き》り替《か》えが難しい子」「コミュニケーションがうまくとれない子」「運動や体の動きが器用にできない子」「衝動《しょうどう》的《てき》に動いてしまう子」「不注意で気が散りやすい子」「勉強に得意不得意があり、力を発揮しにくい子」などがあげられます。

特別支援教室へ異動したきっかけ

私は、7年間学級担任として指導を行っていました。毎年、特別支援教室（私が働き始めたときは通級指導教室と呼ばれていました）に通っている児童がいました。思ったことをすぐに口にしてしまい友だちと毎日トラブルになってしまっていた子、こだわりが強いため集団での行動が困難だった子などなど、多くの児童が特別支援教室で学んでいくうちに、学級のなかでその子のもっている力を発揮できるようになっていきました。

変化が見られたのは指導を受けている子どもだけではありませんでした。当時、学級担任だった私自身も、通級で指導をしてくださっている教員と話をするなかで、子どもへの声のかけ方や子ども一人ひとりに適した指導・支援の仕方など多くのことを学ばせていただきました。その当時は、35人ほどの子どもをどのようにまとめていこうか、明日の授業はどうしようということで頭がいっぱいで、子ども一人ひとりの良さや苦手なところに深く目を向けることができていませんでした。

このときの経験がきっかけとなり、子ども一人ひとりにじっくり向き合って指導してみたいと強く思うようになり、8年目のタイミングで特別支援教室への異動を希望しました。

特別支援教室の実際

現在、自身が所属する杉並区立杉並第七小学校（拠点校《きょてんこう》）のほかに3校（巡回校《じゅんかいこう》）の計4校で指導を行っています。曜日によって指導を行う学校は異なります。日によっては、午前と午後で指導を行う学校が違《ちが》うということもあります。巡回校《じゅんかいこう》へは、自転車で行くので雨の日は大変です。

一時間目　グループ学習「遊びの達人」

この学習は、友だちと楽しく遊ぶためのポイントを子どもに考えさせ、その後実際に遊んでみるという内容です。

授業の冒頭《ぼうとう》、子どもの遊びのなかでトラブルに発展しやすい場面を教諭が劇で演じます。「泣いて教室に帰っちゃった子は、何が悲しかったのかな?」。子どものなかには、状況《じょうきょう》を把握《はあく》することが苦手な子もいます。そのような子には、「どんな顔してたかな?」「大きな声で怒鳴《どな》られたらどんな気持ちになる?」などと状況《じょうきょう》を理解できるように声をかけます。子どもの表情をよく見て、理解できていないようであればほかのアプローチの方法を考えます。

ポイントの確認を終えた後、教室でも行うことが多いカードゲームをしました。「ともきくん（仮名）、カード見えちゃうよ」と、

かいとくん（仮名）が声をかけてくれます。すると、ともきくんは「俺のカード見るなよ」と怒り気味に返します。ここでは口を挟

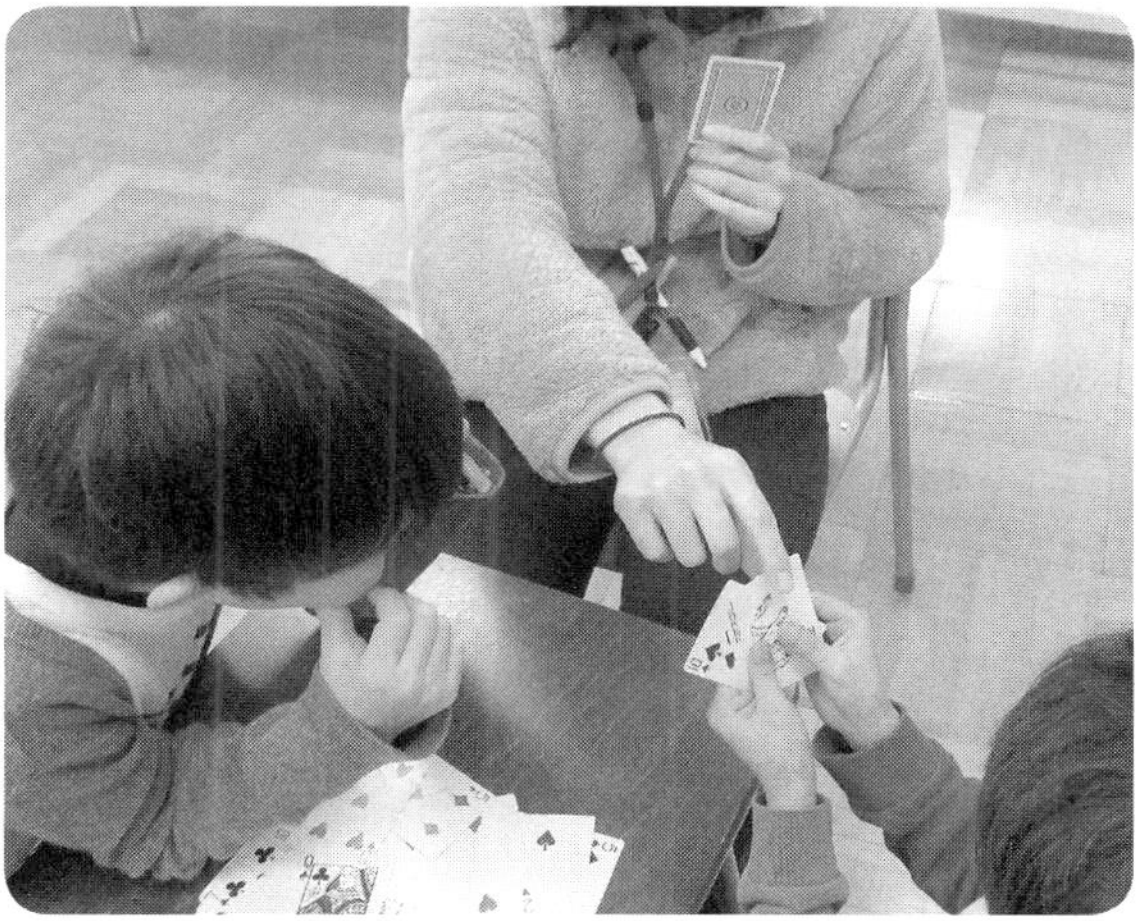

カードゲームを通して、友だちとのかかわりを学びます

まず、かいとくんがどのように対応するのかを待ちました。すると、かいとくんは「ごめん……」と、か細い声で言うとうつむいてしまいました。そこで、ともきくんに「かいとくんはズルをするためにともきくんのカードを見たのかな？」と問いかけました。しばらく考えたともきくんは「違《ちが》うと思う。でも、負けそうでイライラして強く言っちゃった」。心の中では、わざとではないとわかっていても反射的に強い言葉が口をついてしまったともきくん。「そうか。先生も負けるの嫌《きら》いだから気持ちはわかるよ。どうしたらいいか考えようね」。ともきくんが自分の思いを言葉で表現できたことを認めます。すぐに、子どもの言動を否定するのではなく、その言動の要因を探ることが大切だと思っています。

このようなトラブルにならないためにどう

したらよいかを考え実践《じっせん》してみます。手札が見えないように持ち方を変える、となりの友だちと少し距離《きょり》を取る、負けそうになったら深呼吸するなど、いくつか出た案を全員で試してみます。授業の最後には、必ずふり返りを行っています。ともきくんは、「楽しく遊ぶためには、怒《おこ》らないことが大切です。遊んでいるときに怒《おこ》りそうになったら、大きく深呼吸してみます」とふり返りました。

この1時間で、ともきくんが大きく変わることはないかもしれません。けれど、つぎに同じような場面に出くわしたときに今回の学びを活かして対処しようとしてくれることを願って私たちは指導しています。

二時間目　個別学習

個別学習の内容は、児童によってまったく異なります。学校や社会のルールを学ぶ子もいれば、道具箱の整理の仕方を学ぶ子もいます。一人ひとりの教育ニーズに合わせた指導内容を考え、指導しています。集中力が持続するように45分間で四つ程度の課題を行います。

しんいちろうくん（仮名）は1年生の男の子。衝動性《しょうどうせい》が強く、在籍《ざいせき》学級では学習中に立ち歩いてしまうこともある子です。指導目標は、継続《けいぞく》して学習に取り組むこと、学校や社会でのルールを身につけることでした。

この日の指導内容は、「小集団学習のふり返り」「学校や社会でのルール確認」「体幹トレーニング」「語彙《ごい》の習得」です。

「津田先生、こんにちは」。大きな声であいさつをして、入室してきたしんいちろうくん。毎週の指導をとても楽しみにしてくれています。しんいちろうくんに対しては指導のはじめに必ず、1時間の学習内容の確認を行います。今日行うことの見通しをもつことができると安心に学習に取り組むことができるからです。また、一つの学習にどれだけの時間がかかるかも伝えます。たとえば「体幹トレーニング」。体幹を鍛《きた》えることが、着席時に姿勢を保つことにつながり、45分着席して学習に取り組めるように行っています。意識して

体幹を鍛える児童

いることは、楽しみながら学べるということです。教室に大きさや高さの異なる飛び石を並《なら》べて、その上を渡《わた》っていきます。どの学習でも同じですが、まずは簡単にできそうなレベルに設定にすることが肝心《かんじん》です。「これならできる。楽しそう」という安心感をもたせてあげます。しんいちろうくんは、活発な子なのでどんどんレベルを上げて、活動への意欲を高めていきます。

特別支援教室での指導に教科書はありません。学級担任や保護者からのニーズや在籍《ざいせき》学級でのようす、そして実際に指導をするなかで感じたことを基に指導計画を考えていきます。このことが、いちばんの難しさであり、いちばんのやりがいでもあります。今後も、特別支援教室での学びが学級での子どもの輝《かがや》く姿につながるように指導していきたいです。

給与や学校生活、個別の教育支援計画などの作成

特別支援学校教諭の給与《きゅうよ》

公立学校教諭の給与《きゅうよ》は、都道府県・政令指定都市ごとに条例で決められた給与表《きゅうよひょう》にしたがって定められていますが、その月額などにはかなりのばらつきがあります。また、学校種によって、給与表《きゅうよひょう》が定められていることが一般的《いっぱんてき》です。

1974年に制定された「学校教育の水準の維持《いじ》向上のための義務教育諸学校の教育職員の人材確保に関する特別措置法《そちほう》（教員人材確保法）」によって、教諭の給与《きゅうよ》が優遇《ゆうぐう》されるようになり、現在では一般《いっぱん》公務員の給与《きゅうよ》よりは恵《めぐ》まれたものになっています。

特別支援学校教諭の給与《きゅうよ》は、一般《いっぱん》に小学校、中学校の教諭の給与《きゅうよ》より1割増し程度となっています。

初任給は、給料月額に加えて、教職調整額（給料の加算額）、地域手当、義務教育等教員特別手当、給料調整額などを合わせた金額となります。高等学校卒業以降に有用な経験があった場合の初任給は、一定の基準によって加算されています。

また、各種手当の手当が支給されています。たとえば、住居手当、通勤手当、期末・勤勉手当、扶養《ふよう》手当（扶養《ふよう》家族がある場合）などです。

昇給《しょうきゅう》は、前年度の勤務成績などにより、原則として4月1日付けで行われています。退職金については、その自治体の教職員在職期間によって支給金額が定められています。

これまで教員の給与表《きゅうよひょう》は一本化されていましたが、職階制度（教諭、主任教諭、主幹教諭、副校長、校長）が導入され給与表《きゅうよひょう》の複線化が進んでいます。

特別支援学校教諭の勤務状況《じょうきょう》と学校生活

特別支援学校教諭の勤務時間は、一般《いっぱん》の公立学校教諭と同様です。勤務時間や休日・休暇などは、ほぼどの都道府県・市町村でも条例で定められているからです。

勤務時間は、一週間のうち40時間の勤務が一般的《いっぱんてき》です。

また、休日は土曜日、日曜日、祝日、年末年始などが当てられてきましたが、授業日の確保などの面から、必ずしもこれらが休日というわけではない場合もあり、児童生徒の授業日に合わせて対応するようになってきています。

休暇《きゅうか》などは、年次有給休暇《きゅうか》（初年度は年間20日）、病気休暇《きゅうか》、妊娠《にんしん》出産休暇《きゅうか》、慶弔《けいちょう》休暇《きゅうか》、生理休暇《きゅうか》、介護《かいご》休暇《きゅうか》、育児《いくじ》休暇《きゅうか》などの制度を整えている自治体が大半を占《し》めています。

特別支援学校教諭に求められていることは、障害のある児童生徒が、日々の学校生活を安心・安全に送ることができ、かつ、一人ひとりの能力に応じたきめ細かな教育を実施《じっし》することです。そうした観点から、地域の医療《いりょう》・福祉《ふくし》、保健、労働といった関係機関と連携《れんけい》すると同時に、保護者と協力し一人ひとりの子どもの必要に応じた教育を行うという任務を担っています。

そのためには、個別の教育支援計画と個別の指導計画を作成し、子どもたちの支援を行える教諭でなければなりません。常《つね》日《ひ》頃《ごろ》から、指導技術を高める研修や、福祉《ふくし》サービスや職業生活への支援（就業支援サービス）といった制度などについての知識を蓄積《ちくせき》するが大切です。総合的な観点から個別の教育支援計画を作成できる資質をみがく必要があるといえるでしょう。

個別の教育支援計画と個別の指導計画の作成・活用

これまでは特別支援学校では、個別の教育支援計画と個別の指導計画を作成し、子ども

個別の教育支援が大切　　野田綾乃さん提供

の支援を行うことが必須《ひっす》とされてきました。また、今日では福祉《ふくし》サービスや職業生活の支援（就業支援サービス）などにおいても、サービスの利用者の要求を大切に個別の支援計画を総合的な観点から作成し、支援を実施《じっし》することになっています。関係機関との連携《れんけい》もますます重要となります。2017年3月に改訂《かいてい》された「小学校・中学校学習指導要領」において、特別支援学級及《およ》び通級による指導を受ける児童生徒に対して、個別の教育支援計画の作成・実施《じっし》が義務づけられました。こうした状況《じょうきょう》から、特別支援学級などでの日常の教育において、個別の教育支援計画の作成に関してのノウハウの提供を積極的に行うことなどが、特別支援学校の教諭には求められるでしょう。

（宮﨑英憲）

これからの特別支援学校教諭に求められるもの

特別支援学校と通常の学校とのつながり、一人ひとりに応じた教育が大切

新しい特別支援学校学習指導要領とその方向

前段でも紹介《しょうかい》していますが、2017年4月に特別支援学校の小学部・中学部の、2019年2月に特別支援学校の高等部の学習指導要領が示されました。特別支援学校の学習指導要領の内容を知ることで、これから特別支援学校の教諭をめざすみなさんにとっては、「特別支援学校の教育はどのような内容だろう」「特別支援学校の教育は、これからどうなっていくのだろう」ということをイメージできると思います。

新しい特別支援学校学習指導要領の主な考え方はつぎの通りです。

① 社会に開かれた教育課程の実現、育成をめざす資質・能力、主体的・対話的で深い学びの視点をふまえた指導改善、各学校におけるカリキュラム・マネジメントの確立な

ど、小学校や中学校、高等学校の改善・充実と同じものを重視すること。

② 小学校や中学校、高等学校の教育課程（指導目標や指導内容）と特別支援学校の教育課程の連続性の重視。

③ 障害の重度・複化、多様へ対応と卒業後自立社会参加に向けた充実。

前述で紹介《しょうかい》しましたように、特別支援学校学習指導要領の考え方を見ますと、特別支援学校も、通常の小学校や中学校、高等学校と連続したものになっていく必要があること。障害のある一人ひとりの多様な個性や特性に対応した教育を行っていくとともに、その子どもが特別支援学校を卒業した後に、一人ひとりに応じて社会で活躍できるような教育をしていくことが大切だということがわかります。そうした方向性のなかで、障害のある子どものための教育だけでなく、中学・高校生や大学生が今、受けている教育そのものについて深く考えたり、障害のある子どもが学校卒業後にどのような場所で、どのような活動をしているかを調べたり、また、いっしょに活動するなどを経験することが大切だと思います。

小学校や中学校、高等学校との関係

新しい特別支援学校学習指導要領に示されているのは、特別支援学校と通常の小学校や中学校、高等学校は、教育内容などでつながっているという考えです。特別支援学校は、いろいろな障害のある子どもが通学する学校ですから、通常の学校の国語や算数・数学といった教科について、ほぼ同じ内容から簡単にした内容まで幅《はば》はありますが、基本は通常の小学校などの内容と同じです。ですから、これからの特別支援学校の教諭は、通常の小学校などの授業がどのように行われているかを知ったうえで、障害の程度に応じた授業を進めることが求められます。

さらに、障害のある子どもや大人と障害のない子どもや大人が、社会の中でともに育ちあい、生活していくという「共生社会」の実現が重要です。そのため、特別支援学校では、障害のある子どもとない子どもが交流して学びあう「共同及《およ》び交流学習」を大切な取り組みとしています。学校は違《ちが》うけれども、いっしょに活動をする機会を設けて、おたがいのことを知り合うという取り組みを進めることも教諭の大きな役割です。そのためには、ほかの学校との連携《れんけい》をうまく進める調整力も大切になります。

子ども一人ひとりに応じた教育とキャリア教育

特別支援学校では、子ども一人ひとりに応じた教育とキャリア教育を大切にしています。特別支援学校の教諭は、こうした教育を充実させるためいろいろな指導を工夫しています。

障害のある子どもの障害の程度や特性はさまざまであり、障害のない子どもと同じようにそれぞれ長所も短所もあるため、一人ひとりに応じた教育をしていくことが重要です。特別支援学校では、そのための「個別の教育指導計画」を作成し、一人ひとりに応じた教育の充実を図っています。特別支援学校の教諭は、こうした指導を行うことができなくてはなりません。そのためには、教諭としての力量はもとより、障害特性などを理解できる深い専門性が必要になります。

障害のある子ども一人ひとりが、夢や希望を実現しながら社会の中で豊かに生活していくためには、学校の教育の中でも、そうした生活につながる土壌を培《つちか》っていく必要があります。それが、キャリア教育です。キャリア教育は学校だけの視点では進められません。障害のある子どもが学校卒業後に、企業《きぎょう》や福祉施設《ふくししせつ》を含《ふく》む関係機関などでどのような支援を受けながら生活していくかを知ったうえで、そのために必要なことを学校でどう教えるかを考えなければなりません。知識だけでなく、企業《きぎょう》やほかの諸機関との連携《れんけい》と協力が教諭に求められます。

（東京都立《とうきょうとりつ》あきる野学園《のがくえん》　市川裕二《いちかわゆうじ》）

3章

なるにはコース

適性と心構え

さらに興味を深めるための学びと当事者への理解が不可欠

特別支援学校教諭をめざす方に期待すること

1章から2章まで読み続けて、特別支援学校教諭の仕事に興味をもっていただけたでしょうか。必要な心構えや適性について、ここであらためてお伝えしましょう。

子どもが好きで、彼らが目を輝《かがや》かせる興味や関心に寄《よ》り添《そ》って活動することができること、このような適性は小学校、中学校、高等学校の教諭にも共通して要求されることです。児童生徒のもつ障害に応じた支援の専門性を学ぶには、教職についてから先輩《せんぱい》教諭の導きや研修の機会があります。

加えてふれておきたいことがあります。それは特別支援教育が保護者の理解と協力を得ながら進める教育であることです。個別の教育支援計画の作成はその良い例です。

家庭との協力についてはほかの学校体系の教諭と共通する面がありますが、わが子の障害について保護者が受容し、理解を進める過程では、相当な悩《なや》みをともないます。就学時の相談を経た後でも、わが子が最適な環境《かんきょう》の中で教育と支援を受けているかについて悩《なや》みをもっている事例が少なくありません。すでに述べてきましたが、インクルーシブ教育システムにおける特別支援教育は合理的配慮《はいりょ》と小学校、中学校、高等学校の教育との連続性をふまえながらも、子ども一人ひとりの最適で多様な学びの場と支援を用意するために、保護者の気持ちを尊重しながら、協力を得る必要があるのです。そこで特別支援学校教諭の免許状《めんきょじょう》を取得するさいに、教育相談や心理カウンセリングの専門知識や実際についてもぜひ学んでほしいと思います。

人間のいろいろな違《ちが》いを認め合い理解すること

さらに共生社会づくりに関係してダイバーシティという理念にふれたいです。多様性を意味する言葉ですが、転じて民族、種族、肌《はだ》の色、文化、宗教、性、年齢《ねんれい》、障害のあるなしなど、人間のいろいろな違《ちが》い（差異）を認め合い、尊重するという意味で用いられます。インクルーシブ教育と同様に、ヨーロッパやアメリカ合衆国《がっしゅうこく》などで早くから普及した理念です。差異から生じる差別をなくす運動で使われてきました。日本においても男女共同参

図表２　個別の教育支援計画の展開

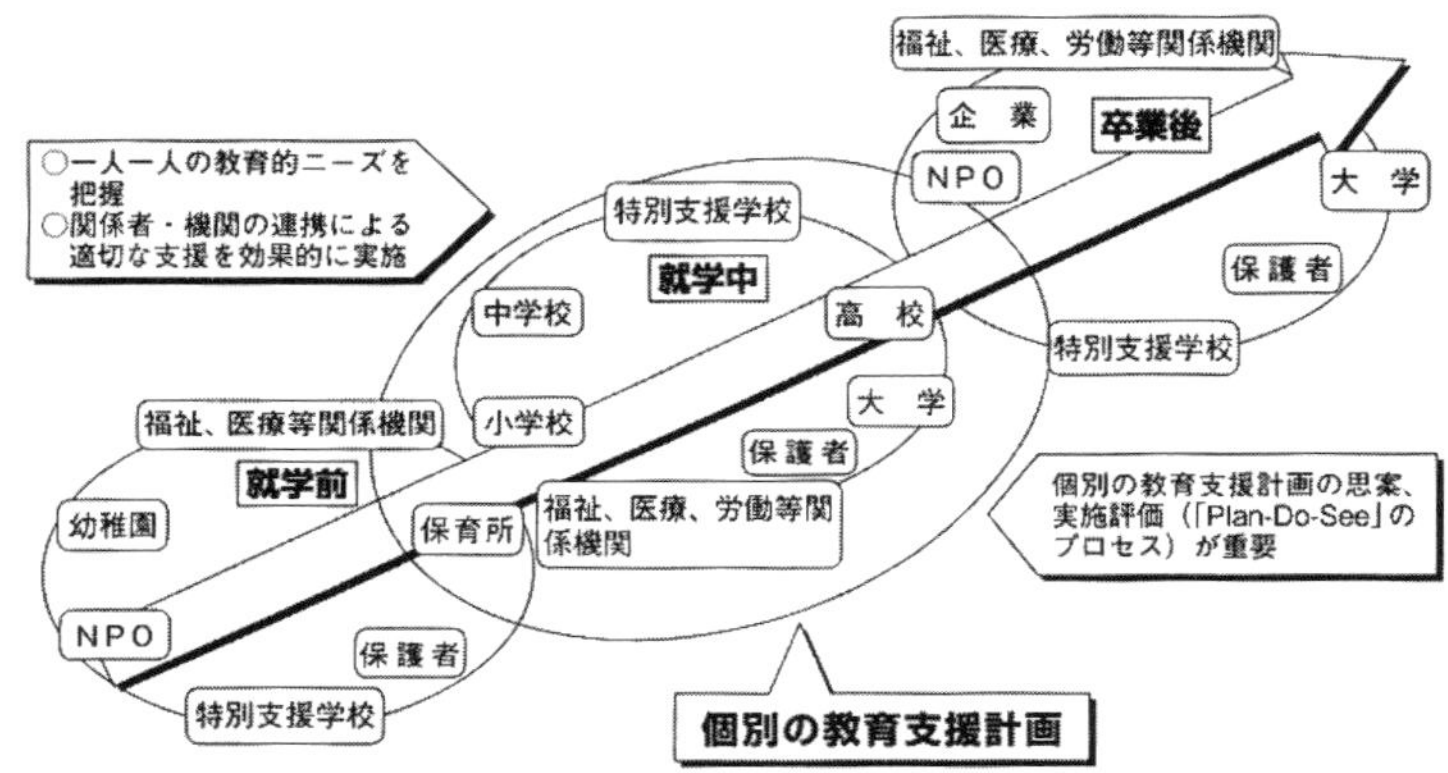

画や障害者の雇用促進《こようそくしん》に関係してこの言葉がよく使われるようになりました。

　障害をもって生まれたわが子はほかの子どもと違《ちが》った人生を歩むのではないかと悩《なや》む保護者は少なくありません。しかし、現在では障害による差異は隠《かく》す必要がなく、いわば個性であり、この子らしい実り多い人生があると考える保護者が増えています。これは、とても心強いことです。

　変化は保護者の意識ばかりではありません。１９８１年の国際障害者年以後、特に１９８３年から始まる国連障害者の10年を経て21世紀に入り、２００６年12月には国連で障害者権利条約が採択《さいたく》されました。障害者の完全参加と平等、あるいは本人参加と自己決定の理念に基づき障害のある人、本人による運動や活動がさかんになっています。当事者団体、当事者運動という言葉も使われます。

パラリンピックでは障害のあるアスリートの活躍《かつやく》がマスコミでも取り上げられていますが、彼らは特別支援学校の児童生徒の理解啓発《けいはつ》活動についてスポーツを通して貢献《こうけん》をしています。産業界では障害者の技能オリンピックであるアビリンピックがあります。ここでも特別支援学校の高等部の生徒や卒業生がさまざまな職種で活躍《かつやく》しています。障害者雇用促進《こようそくしん》の広報誌「働く広場」では、毎年度開催《かいさい》されるアビリンピックの特集記事を見ることができます。この広報誌は40年以上の歴史がありますが、国連障害者の10年を経てからは、当事者の方々は匿名《とくめい》ではなく本名で取材に応じる時代になっているのです。

特別支援学校の教諭はこのような差別がない共生社会を築こうとする当事者、保護者、支援者とともに歩む同行者であるといえるでしょう。

（松矢勝宏）

小学校、中学校、高等学校などの教員免許状に加えて特別支援学校教員免許状が必要

どうして教員免許状《めんきょじょう》が必要なのか

教諭として学校で働くためには教員免許状《めんきょじょう》が必要です。特別支援学校の教諭の場合、幼《よう》稚園《ちえん》、小学校、中学校、高等学校の教員免許状《めんきょじょう》（基礎免許状《きそめんきょじょう》と呼ばれています）のほかに、特別支援学校の教員免許状《めんきょじょう》をとることが原則です。基礎免許状《きそめんきょじょう》が必要な理由は、特別支援学校では障害に応じた教育はもちろんのこと、通常の学校と同じ教科の学習を行うからです。

教員免許状《めんきょじょう》の種類

免許状《めんきょじょう》には、①普通免許状《ふつうめんきょじょう》、②特別免許状《めんきょじょう》、③臨時免許状《めんきょじょう》の3種類があります。②は免《めん》

許状《きょじょう》をもたないすぐれた知識がある社会人に都道府県から授与《じゅよ》されます。そのため、学校の教諭として働くために必要なものは、①の普通《ふつう》免許状《めんきょじょう》が一般的《いっぱんてき》です。普通《ふつう》免許状《めんきょじょう》は専修免許状《めんきょじょう》、一種免許状《めんきょじょう》、二種免許状《めんきょじょう》（高等学校には二種免許状《めんきょじょう》はありません）の三つの種類に分かれています。免許状《めんきょじょう》の種類は教諭として働くさいには問われませんが、短期大学（短大）や大学、大学院の修了時《しゅうりょうじ》に授与《じゅよ》される学位と、大学などで履修《りしゅう》した教職課程によって免許状《めんきょじょう》の種類が違《ちが》います。専修免許状《めんきょじょう》は大学院の修士課程修了《しゅうりょう》程度、一種免許状《めんきょじょう》は大学卒業程度、二種免許状《めんきょじょう》は短大卒業程度です。

基礎《きそ》免許状《めんきょじょう》と特別支援学校教員免許状《めんきょじょう》

基礎《きそ》免許状《めんきょじょう》は幼稚園、小学校、中学校、高等学校と、学校の種類によって分かれています。また、中学校と高等学校の場合には免許状《めんきょじょう》は教科ごとに分かれています。たとえば、中学校の社会を担当する教諭は、中学校社会の免許状《めんきょじょう》をもっていなければならないことになります。

一方、特別支援学校教員免許状《めんきょじょう》は２００７年から実施《じっし》された特別支援教育制度にともなって始まりました。それまでは従来の特殊《とくしゅ》教育制度のもと、盲《もう》学校・聾《ろう》学校・養護学校ごとに分けられていましたが、特別支援学校に一本化されたのです。ただし、障害についての専門性を確保する観点から、特別支援学校教員免許状《めんきょじょう》では視覚障害者、聴覚《ちょうかく》障害者、知的障害者、肢体《したい》不自由者、病弱者の五つの教育領域から一つまたは二つ以上を定めることになっています。なお、特別支援学級や通級による指導は、小学校、中学校、高等学校の教員免許状《めんきょじょう》をもっている教員が担当できます。しかし、特別支援学級や通級による指導であっても、特別支援学校の教諭と同じく障害に関する専門性は必要です。

（高野聡子）

養成機関について

大学で特別支援学校教員免許状を取得し、特別支援教育について学ぼう

まずは教員養成課程のある大学を調べよう

教員免許状《めんきょじょう》を取得する一般的《いっぱんてき》な方法は、教員養成系大学、学部や教員養成課程として認定を受けている大学で教諭免許状《めんきょじょう》に必要な科目の単位を修得することです。特別支援学校の教員免許状《めんきょじょう》の場合には、教育領域を視覚障害者、聴覚《ちょうかく》障害者、知的障害者、肢体《したい》不自由者、病弱者の五つから一つまたは二つ以上を定めるため、修得した科目によって免許状《めんきょじょう》に定められる教育領域が変わってきます。

特別支援教育に関する科目（一種免許状《めんきょじょう》）

特別支援学校の教員免許状《めんきょじょう》を取得するために必要な特別支援教育に関する科目は、大き

く分けて四つの科目からなっています。特別支援学校の一種免許状《めんきょじょう》の最低修得単位数は26単位です。

①特別支援教育の基礎《きそ》理論に関する科目　2単位
②特別支援教育領域に関する科目　16単位
③免許状《めんきょじょう》に定められることとなる特別支援教育領域以外の領域に関する科目　5単位
④心身に障害のある幼児、児童又《また》は生徒についての教育実習　3単位

①の特別支援教育の基礎《きそ》理論に関する科目では、特別支援教育の歴史や制度について学びます。②の特別支援教育領域に関する科目では、免許状《めんきょじょう》に定められる教育領域について、a.障害のある児童生徒の心理、生理、病理に関する科目と、b.教育課程及《およ》び指導法に関する科目から学びます。そして③の免許状《めんきょじょう》に定められることとなる特別支援教育領域以外の領域に関する科目では、免許状《めんきょじょう》に定められることとなる教育領域以外のすべての領域について a.障害のある児童生徒の心理、生理、病理に関する科目と、b.教育課程および指導法に関する科目から学び、加えて重複障害、学習障害、注意欠陥《けっかん》多動性障害についても学びます。④心身に障害のある幼児、児童又《また》は生徒についての教育実習では、実際に特別支援学校で教育実習を行います。

特別支援学校教員免許状《めんきょじょう》に定められる教育領域は、免許状《めんきょじょう》を取得した後も免許法《めんきょほう》認定講

習（大学や独立行政法人国立特別支援教育総合研究所《こくりつとくべつしえんきょういくそうごうけんきゅうじょ》などで行われます）などで単位を修得することによって追加することも可能です。

特別支援学校教員免許状《めんきょじょう》が取得できる養成機関

特別支援学校教員免許状《めんきょじょう》が取得できる養成機関については、文部科学省《もんぶかがくしょう》のホームページに掲載《けいさい》されています。

・4年制大学（教員養成系大学・学部、教員養成課程）での取得

教員養成系大学・学部や教員養成課程の認定を受けている4年制大学において、①～④の科目を修得した後、各都道府県の教育委員会に教員免許状《めんきょじょう》の授与申請《じゅよしんせい》を行います。教員免許状《めんきょじょう》は各都道府県の教育委員会から授与《じゅよ》されます。多くの大学では、卒業をする年度にまとめて申請《しんせい》しています。

・通信制の課程での取得

通信制の課程でも特別支援学校教員免許状《めんきょじょう》を取得できます。通信課程では自宅に教材やテキストが送られ、その教材やテキストを自身で学習し、スクーリングやレポート提出などを行って必要な単位を修得します。

・1年課程の教員養成課程での取得

特別支援学校教員免許状《めんきょじょう》を取るための養成課程として、1年課程の特別専攻科《せんこうか》がありま す。特別専攻科《せんこうか》への入学資格は、大学卒業資格をもち、幼稚園《ようちえん》、小学校、中学校、高等学 校の普通免許状《ふつうめんきょじょう》を取得していることです。また、すでに特別支援学校の一種免許状《めんきょじょう》を取得 して特別専攻科《せんこうか》に入学する場合には、特別支援学校教員免許状《めんきょじょう》の専修免許状《めんきょじょう》を取得するこ とが可能です。

・専修免許状《めんきょじょう》の取得について

特別支援学校教員一種免許状《めんきょじょう》を取得したうえで、大学院で必要な単位を修得し専修免許《めんきょ》状《じょう》を取得します。最低修得単位数は26単位です。そのほか、特別専攻科《せんこうか》や教職大学院にお いても専修免許状《めんきょじょう》を取得できます。

・教職大学院での取得

教職大学院は、高度な専門性を有する職業人の養成を目的とした専門職大学院の一つで す。教職大学院の入学者は、大学を卒業後に入学する新卒者と、すでに教諭として働いて いる人です。修業年限は2年ですが、短期履修《りしゅう》コースの1年、長期履修《りしゅう》コースの3年もあ ります。ここでも専修免許状《めんきょじょう》が取得できます。

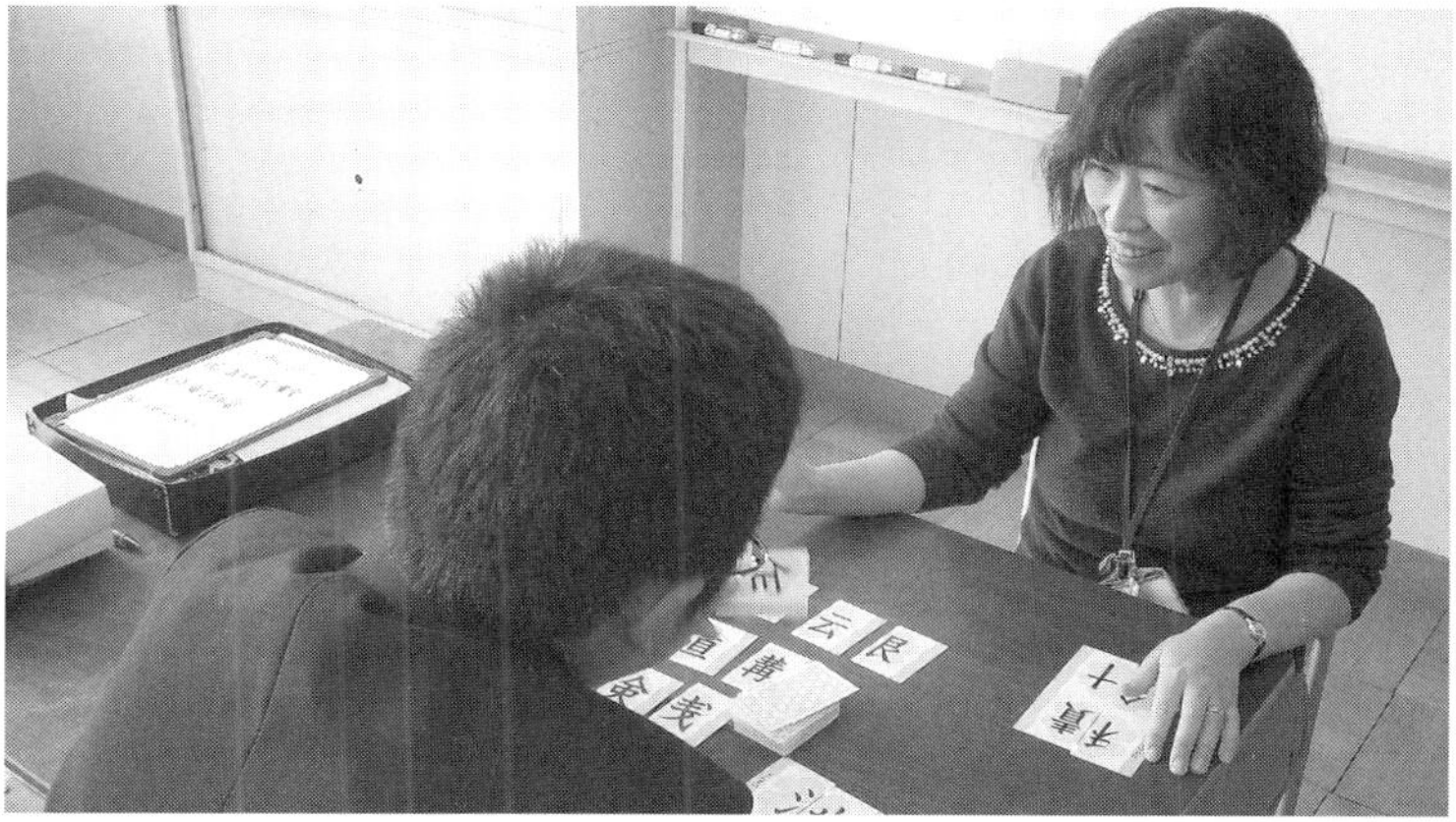

長く子どものそばで続けられる仕事　　平野恵里さん提供

免許《めんきょ》更新《こうしん》講習と「新たな教師の学びの姿」

教員免許状《めんきょじょう》には有効期間があり更新《こうしん》が必要です。有効期間は所要資格を得てから（大学で教職課程の単位を取り終えた後から始まる）10年後の年度末までです。これまで免許《めんきょ》を更新《こうしん》するため、大学などが開講した教員免許状更新《めんきょじょうこうしん》講習を受講していましたが、免許状更新《めんきょじょうこうしん》講習は発展的に解消することになりました。「発展的解消」とはこれまでの免許状更新《めんきょじょうこうしん》講習で培われた教師の研修や学びを異なる仕組みに発展させるという意味です。そのため、現在、「新たな教師の学びの姿」というキーワードで教師が主体的に学ぶ研修の仕組みや教員免許状《めんきょじょう》の有効期間が議論されています。

（高野聡子）

特別支援学校への採用・就職

採用試験を実施している都道府県を調べて出願から採用までの流れを知っておこう

特別支援学校の採用枠《わく》はどうなっているのか

近年、特別支援学校の児童生徒数が増えていることが話題になっています。ところで、みなさんは、全国に特別支援学校は、どのくらいあるかご存じでしょうか。

特別支援学校への就職を志望されているみなさんは、当然のことながらご存じでしょう。現在のところ、特別支援学校は全国に約１１００校設置されています（「令和3年度学校基本調査」では１１６０校）。また、各学校が主に教育する障害種別については、設置者が、その障害種を規定することとなっています。

小学校・中学校及《およ》び高等学校の数と比較《ひかく》すると、かなり少ない学校数です。したがって、従来は特別支援学校枠での採用試験を実施《じっし》している都道府県はそう多くありませんでした。

では、現在の特別支援学校の教員採用試験の実施《じっし》状況《じょうきょう》はどのようになっているのでしょうか。みなさんのいちばん知りたいところでしょうね。

２００７年に学校教育法の改正がされ、従来の特殊《とくしゅ》教育から特別支援教育への転換《てんかん》が図られたことなどもあって、都道府県教育委員会及《およ》び政令指定都市の多くで、特別支援学校枠《わく》を設けて教員採用試験を実施《じっし》しています。ただし、いくつかの県では、特別支援学校の枠《わく》を設けず小・中学校枠《わく》に一括《いっかつ》して採用試験を実施《じっし》しています。また、少数ですが特別支援学校枠《わく》ということをまったく考慮《こうりょ》せず採用試験を実施《じっし》している自治体もありますので留意する必要があります。

採用予定の教員数や障害種別、教科及《およ》び募集《ぼしゅう》人数

都道府県教育委員会及《およ》び政令指定都市の大多数が、特別支援学校の採用試験を別枠《べつわく》で実施《し》するという近年の傾向《けいこう》は、特別支援学校への就職を望んでいるみなさんには朗報でしょう。しかし、前述したように特別支援学校数は、自治体によって設置数がまちまちであり、採用枠《わく》もかなり限定されていることを、まず知っておきましょう。

特別支援学校枠《わく》での採用試験を受けるには、特別支援学校教諭免許状《めんきょじょう》のほかに、基礎免《きそめん》許状《きょじょう》としての小学校・中学校教諭免許状《めんきょじょう》または高等学校教諭免許状《めんきょじょう》を有することが必要で

す（複数校種・複数教科の免許状《めんきょじょう》を有することを受験資格として明記している自治体もあります）。

特別支援学校枠《わく》の採用試験時においての障害種別については、試験方法や試験問題（試験科目や区分を設けるなど）で対応している場合も多いので注意が必要です。また、小学部と中・高等部の採用枠《わく》を分けて試験を実施《じっし》する場合と、小学部と中・高等部の試験を一《いっ》括《かつ》で実施《じっし》する場合があります。前者の場合には、教科ごとに採用枠《わく》（募集枠《ぼしゅうわく》）が決められていることがほとんどです。そのほかに、特別支援学校理療科《りりょうか》などを対象にした選考を実《じっ》施《し》している自治体もあります。こうした教員採用の情報を得ておくことをお勧めします。

つぎに、各自治体ともに学校種での採用試験を実施《じっし》しているものの、教員の採用にあたっては、異校種経験を積極的に推奨《すいしょう》したり義務づけたりしている場合もあり、希望と異なる学校種に配置されることもあります。各自治体の人事異動要綱《ようこう》などにも、目を通しておくとよいでしょう。

教員採用試験の出願から採用、就職まで

特別支援教育の教諭を志すことと通常の小・中学校及《およ》び高等学校教諭を志すことでの違《ちが》いはまったくありません。受験対策においてもまったく同様の対策をしてほしいと思いま

す。受験にさいする一番目の対策は、教員採用試験の出願から採用までの流れを知っておくことです。

必要なのは、自分が志望する自治体の教員採用選考の募集要項《ぼしゅうようこう》を入手することです。募集要項《ぼしゅうようこう》によって、はじめてその年度の採用予定教員の学校種別、教科及《およ》び人数、選考区分、申込資格《もうしこみ》、受付期間及《およ》び手続きなどの情報がわかります。自分で教育委員会に問い合わせをすることが必要になります。早いところは、3月下旬《げじゅん》から4月上旬《じょうじゅん》には要綱《ようこう》を公表しています。

つぎに願書の提出です。必要書類をすべてそろえて、直接教育委員会に提出することになります。郵送に限る場合や直接持参という場合など、自治体によってさまざまなので確認が必要です。早いところは、5月上旬《じょうじゅん》には締《し》め切《き》るところもあります。

近年、各自治体のホームページ上に教員採用選考の募集要項《ぼしゅうようこう》が掲載《けいさい》されるようになりました。そして、ウェブサイトを使っての願書提出という方法をとるところも出てきています。大学在学中の方で、大学がまとめて願書を提出する場合もありますので注意が必要でしょう。

教員採用試験の第一次試験は、ほぼ7月上旬《じょうじゅん》から下旬《げじゅん》にかけて実施《じっし》されています。全国的に見て、第一次試験は筆記試験が中心です。筆記試験の内容は、自治体によってさまざまに異なります。したがって、受験対策の必要性が出てくるのです。また、第一次試験で面接を実施《じっし》している自治体もあります。なお、第一次試験の合格発表は、自治体によって若干の違《ちが》いはありますが、おおよそ試験実施後《じっしご》約1カ月後ほどが目安と考えてよいようです。結果は受験者ごとに郵送で通知されます。不合格の場合、請求《せいきゅう》すれば総合成績のランクなどの結果を知らせてくれる都道府県・市が多くなっています。

第二次試験は、第一次試験の合格者が受験できる仕組みです。日程は、第一次試験と比《ひ》較《かく》して都道府県・市によってかなりのばらつきがあり、8月中旬《ちゅうじゅん》から10月上旬《じょうじゅん》までが一《いっ》般的《ぱんてき》です。学力テストを実施《じっし》している県も一部ありますが、多くは人物評価に関する面接や模擬《もぎ》授業、小論文などを実施《じっし》しているところがほとんどです。第二次試験の合格発表は、9月中旬《ちゅうじゅん》から10月下旬《げじゅん》までには発表されます。不合格の場合でも、成績のランクなどの結果を知らせてくれる都道府県・市が多くなっています。

合格者は、名簿《めいぼ》に登載《とうさい》されます。名簿《めいぼ》に登載《とうさい》された後、教育委員会での面接や学校長の面接を経て赴任《ふにん》する学校が決まります。実際の採用が確定するのは2月から3月という自治体が多いようです。

（宮﨑英憲）

フローチャート　特別支援学校教諭

高　等　学　校

↓

教員養成課程のある
短期大学　4年制大学　大学院

↓

小・中・高校・幼稚園教諭免許状取得（専修・1種・2種）
特別支援学校教諭免許状取得（専修・1種・2種）

↓

教員採用試験

↓

特別支援学校教諭として活躍

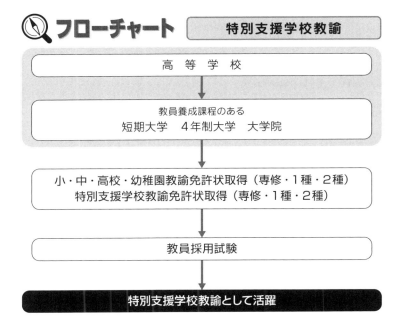

なるにはブックガイド

『特別支援学校のすべてがわかる教員をめざすあなたへ』

宮﨑英憲監修
全国特別支援学校長会編著
ジアース教育新社

教員を志すみなさんに特別支援学校の教諭の魅力を伝えたい、と全国特別支援学校長会が作成。（理論編）特別支援学校とは、（実践編）障害種別の特別支援学校の教育活動などを詳述。障害種別の教育活動のようすがわかる附録DVDつき。

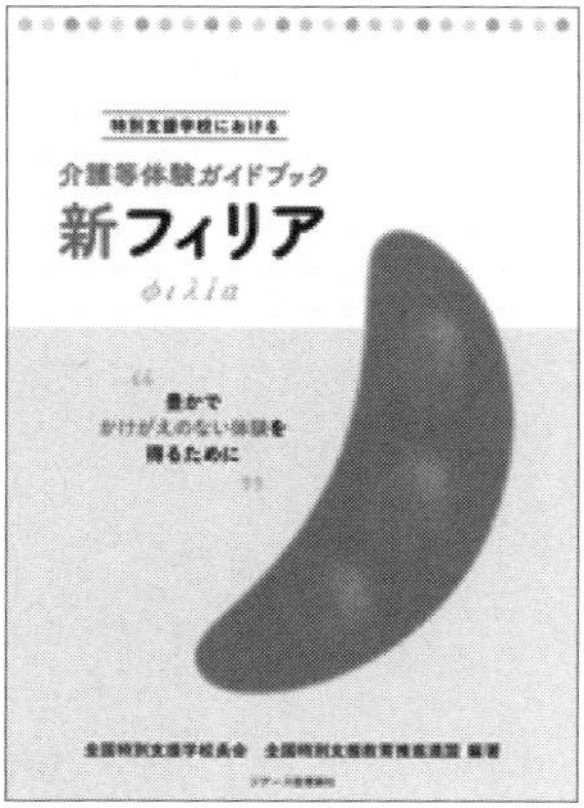

『特別支援学校における介護等体験ガイドブック新フィリア』

全国特別支援学校長会
全国特別支援教育推進連盟編著
ジアース教育新社

小学校・中学校の教員をめざす人が必ず行う「介護等体験」。その必携書を全国特別支援学校長会と全国特別支援教育推進連盟が作成。特別支援教育や障害のある子どもとのかかわり方などについてわかりやすく解説されている。

**『私たちのしごと
障害者雇用の現場から』**

小山博孝著
岩波書店

職場環境が整備されれば、障害があっても実力を発揮できることを写真家の眼を通して実証。特別支援学校の卒業生の活躍も紹介。

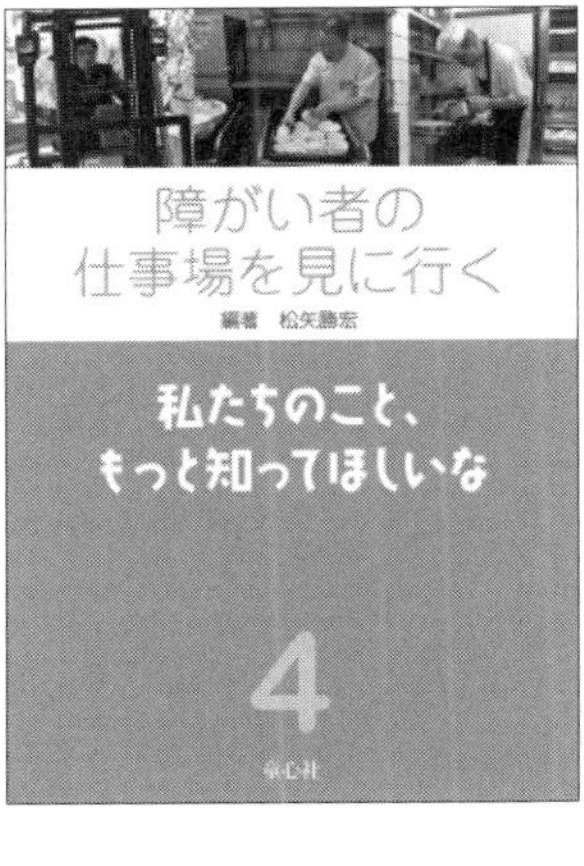

『私たちのこと、もっと知ってほしいな（障がい者の仕事場を見に行く　第４巻）』

松矢勝宏編著
童心社

小山氏著『私たちのしごと』の児童向けシリーズの第４巻として、保護者の手記を通して「障がい」理解と教育支援のあり方を解説。

職業MAP！ 興味があるのはどの仕事？

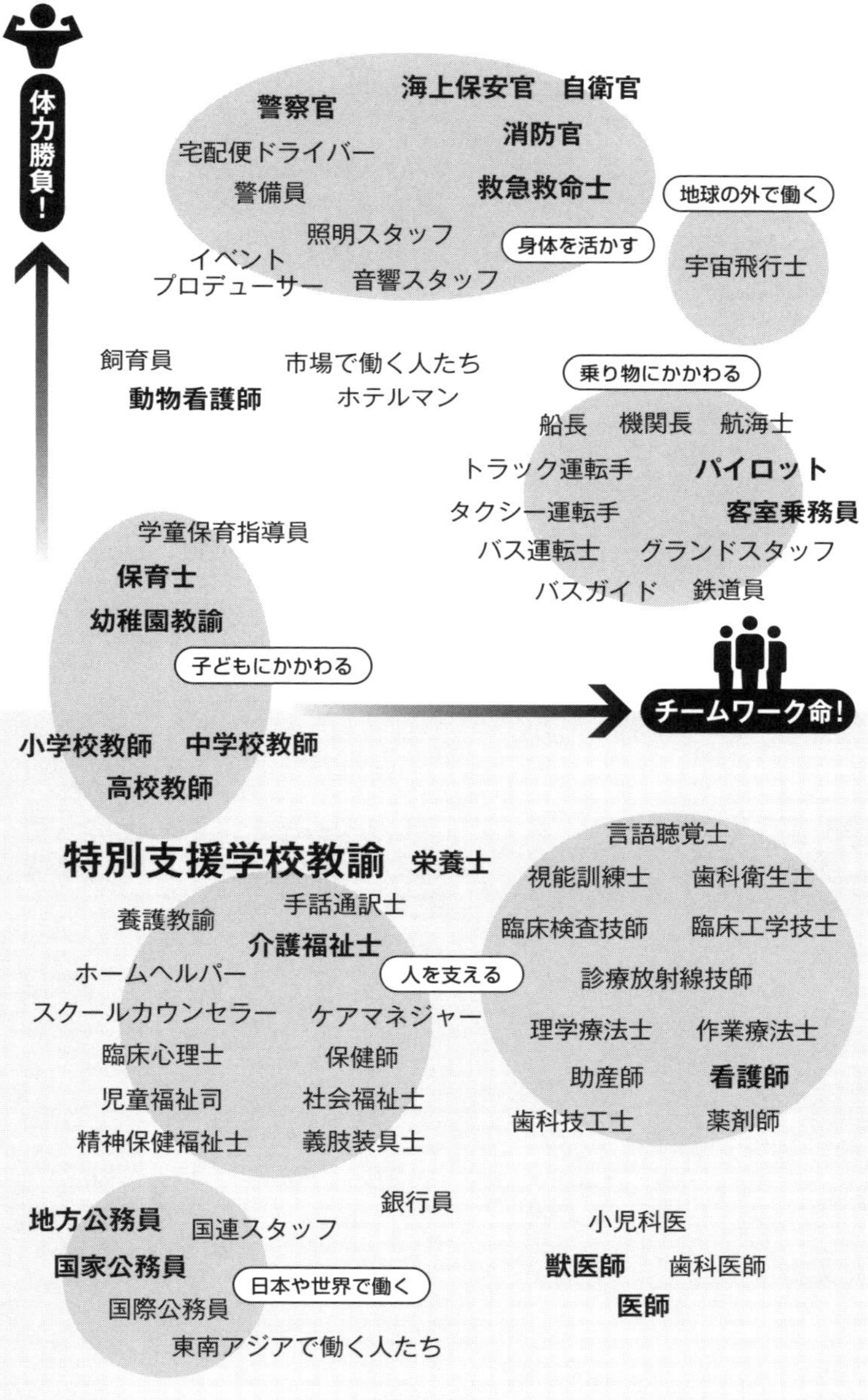

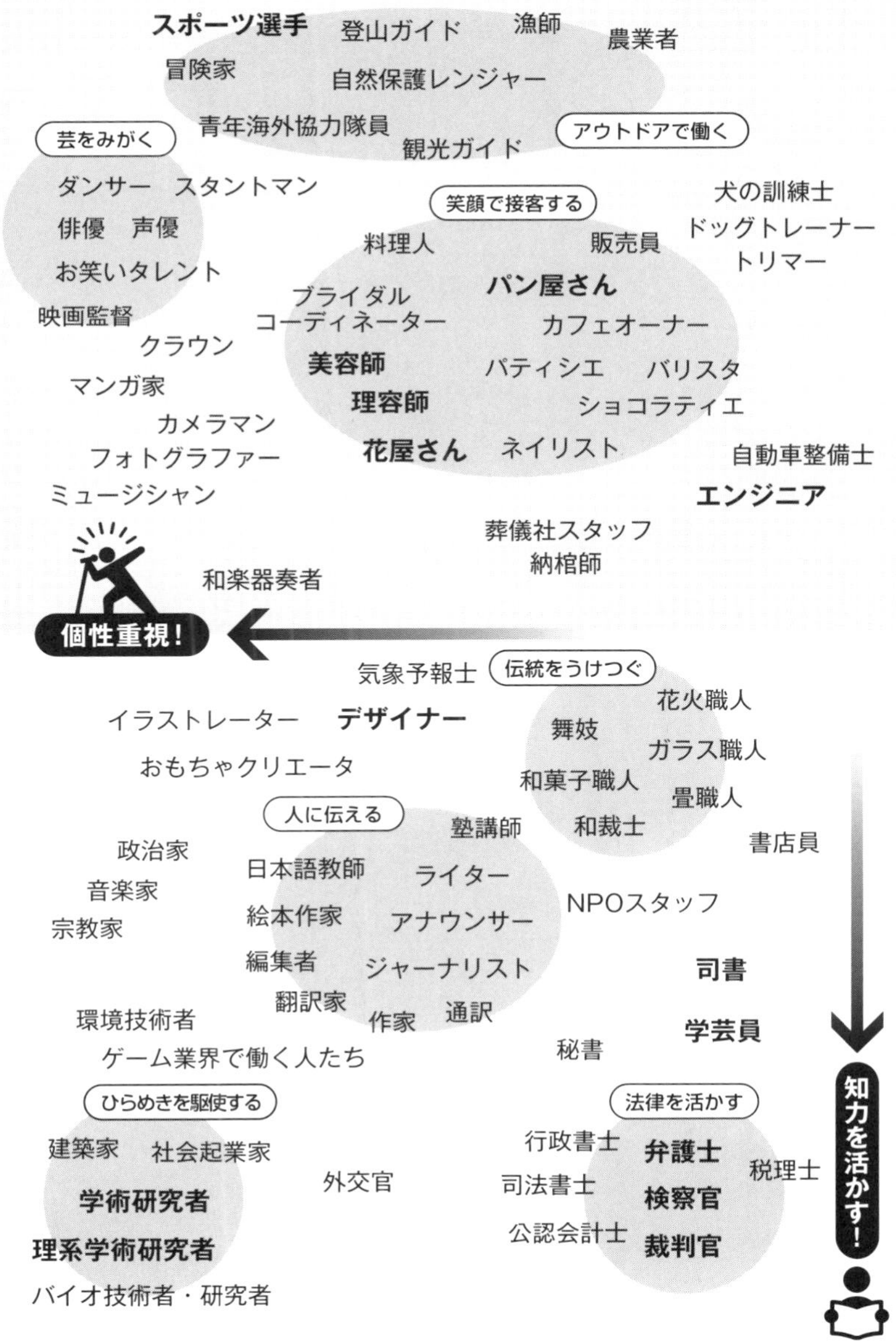
スポーツ選手
登山ガイド
漁師
農業者
冒険家
自然保護レンジャー
青年海外協力隊員
観光ガイド
アウトドアで働く
芸をみがく
ダンサー
スタントマン
俳優
声優
お笑いタレント
映画監督
クラウン
マンガ家
カメラマン
フォトグラファー
ミュージシャン
笑顔で接客する
犬の訓練士
ドッグトレーナー
トリマー
料理人
販売員
パン屋さん
ブライダルコーディネーター
カフェオーナー
美容師
パティシエ
バリスタ
理容師
ショコラティエ
花屋さん
ネイリスト
自動車整備士
エンジニア
葬儀社スタッフ
納棺師
和楽器奏者
個性重視！
気象予報士
伝統をうけつぐ
花火職人
舞妓
ガラス職人
和菓子職人
畳職人
和裁士
イラストレーター
デザイナー
おもちゃクリエータ
人に伝える
塾講師
書店員
政治家
日本語教師
ライター
音楽家
宗教家
絵本作家
アナウンサー
NPOスタッフ
編集者
ジャーナリスト
司書
翻訳家
作家
通訳
環境技術者
ゲーム業界で働く人たち
秘書
学芸員
ひらめきを駆使する
建築家
社会起業家
外交官
学術研究者
理系学術研究者
バイオ技術者・研究者
法律を活かす
行政書士
弁護士
税理士
司法書士
検察官
公認会計士
裁判官
知力を活かす！

［ 編著者紹介 ］

松矢勝宏（まつや かつひろ）

1940年生まれ。1971年東京教育大学大学院教育研究家博士課程修了。東京学芸大学名誉教授。全日本特別支援教育研究連盟顧問。監修に『主体性を支える個別の移行支援　学校から社会へ』（大揚社）などがある。

宮﨑英憲（みやざき ひでのり）

1943年生まれ。東京学芸大学大学院教育学研究科修了。東京都立養護学校・教育委員会を経て東洋大学勤務。現在、全国特別支援教育推進連盟理事長。東洋大学名誉教授。著書に『新訂特別支援教育総論』(放送大学出版)『特別支援教育への誘い』『これからの特別支援教育の進路指導』(ジアース教育新社)などがある。

高野聡子（たかの さとこ）

1978年生まれ。2008年筑波大学大学院博士課程人間総合科学研究科修了。博士（心身障害学）。現在、東洋大学文学部教授。著書に『川田貞治郎の「教育的治療学」の体系化とその教育的・保護的性格に関する研究：小田原家庭学園における着想から藤倉学園における実践まで』（大空社）などがある。

特《とく》別《べつ》支《し》援《えん》学《がっ》校《こう》教《きょう》諭《ゆ》になるには

2020年 7 月25日　初版第1刷発行
2022年 5 月25日　初版第2刷発行

編著者　松矢勝宏　宮﨑英憲　高野聡子
発行者　廣嶋武人
発行所　株式会社ぺりかん社
〒113-0033　東京都文京区本郷1-28-36
TEL 03-3814-8515（営業）
03-3814-8732（編集）
http://www.perikansha.co.jp/
印刷所　大盛印刷株式会社
製本所　鶴亀製本株式会社

ISBN978-4-8315-1570-4　Printed in Japan

【なるにはBOOKS】

税別価格 1170円〜1600円

1——パイロット
2——客室乗務員
3——ファッションデザイナー
4——冒険家
5——美容師・理容師
6——アナウンサー
7——マンガ家
8——船長・機関長
9——映画監督
10——通訳者・通訳ガイド
11——グラフィックデザイナー
12——医師
13——看護師
14——料理人
15——俳優
16——保育士
17——ジャーナリスト
18——エンジニア
19——司書
20——国家公務員
21——弁護士
22——工芸家
23——外交官
24——コンピュータ技術者
25——自動車整備士
26——鉄道員
27——学術研究者(人文・社会科学系)
28——公認会計士
29——小学校教諭
30——音楽家
31——フォトグラファー
32——建築技術者
33——作家
34——管理栄養士・栄養士
35——販売員・ファッションアドバイザー
36——政治家
37——環境専門家
38——印刷技術者
39——美術家
40——弁理士
41——編集者
42——陶芸家
43——秘書
44——商社マン
45——漁師
46——農業者
47——歯科衛生士・歯科技工士
48——警察官
49——伝統芸能家
50——鍼灸師・マッサージ師
51——青年海外協力隊員
52——広告マン
53——声優
54——スタイリスト
55——不動産鑑定士・宅地建物取引主任者
56——幼稚園教諭
57——ツアーコンダクター
58——薬剤師
59——インテリアコーディネーター
60——スポーツインストラクター
61——社会福祉士・精神保健福祉士
62——中小企業診断士
63——社会保険労務士
64——旅行業務取扱管理者
65——地方公務員
66——特別支援学校教諭
67——理学療法士
68——獣医師
69——インダストリアルデザイナー
70——グリーンコーディネーター
71——映像技術者
72——棋士
73——自然保護レンジャー
74——力士
75——宗教家
76——CGクリエータ
77——サイエンティスト
78——イベントプロデューサー
79——パン屋さん
80——翻訳家
81——臨床心理士
82——モデル
83——国際公務員
84——日本語教師
85——落語家
86——歯科医師
87——ホテルマン
88——消防官
89——中学校・高校教師
90——動物看護師
91——ドッグトレーナー・犬の訓練士
92——動物園飼育員・水族館飼育員
93——フードコーディネーター
94——シナリオライター・放送作家
95——ソムリエ・バーテンダー
96——お笑いタレント
97——作業療法士
98——通関士
99——杜氏
100——介護福祉士
101——ゲームクリエータ
102——マルチメディアクリエータ
103——ウェブクリエータ
104——花屋さん
105——保健師・養護教諭
106——税理士
107——司法書士
108——行政書士
109——宇宙飛行士
110——学芸員
111——アニメクリエータ
112——臨床検査技師
113——言語聴覚士
114——自衛官
115——ダンサー
116——ジョッキー・調教師
117——プロゴルファー
118——カフェオーナー・カフェスタッフ・バリスタ
119——イラストレーター
120——プロサッカー選手
121——海上保安官
122——競輪選手
123——建築家
124——おもちゃクリエータ
125——音響技術者
126——ロボット技術者
127——ブライダルコーディネーター
128——ミュージシャン
129——ケアマネジャー
130——検察官
131——レーシングドライバー
132——裁判官
133——プロ野球選手
134——パティシエ
135——ライター
136——トリマー
137——ネイリスト
138——社会起業家
139——絵本作家
140——銀行員
141——警備員・セキュリティスタッフ
142——観光ガイド
143——理系学術研究者
144——気象予報士・予報官
145——ビルメンテナンススタッフ
146——義肢装具士
147——助産師
148——グランドスタッフ
149——診療放射線技師
150——視能訓練士
151——バイオ技術者・研究者
152——救急救命士
153——臨床工学技士
154——講談師・浪曲師
155——AIエンジニア
156——アプリケーションエンジニア
157——土木技術者
補巻24 福祉業界で働く
補巻25 教育業界で働く
補巻26 ゲーム業界で働く
補巻27 アニメ業界で働く
別巻 もっとある!小中高生におすすめの本220
別巻 中高生からの防犯
別巻 会社で働く
学部調べ 看護学部・保健医療学部
学部調べ 理学部・理工学部
学部調べ 社会学部・観光学部
学部調べ 文学部
学部調べ 工学部
学部調べ 法学部
学部調べ 教育学部
学部調べ 医学部
学部調べ 経営学部・商学部
学部調べ 獣医学部
学部調べ 栄養学部
学部調べ 外国語学部
学部調べ 環境学部
学部調べ 教養学部
学部調べ 薬学部
学部調べ 国際学部
学部調べ 経済学部
学部調べ 農学部
学部調べ 社会福祉学部

※一部品切・改訂中です。

2022.2.